KB003723

디지털인문학연구총서

7

내한 선교사 편지(1884-1942)와 디지털 아카이브

한미경 지음

보고사
BOGOSA

차례

표목차

그림목차

서론

본 연구는 문헌정보학, 한국 기독교 역사, 그리고 디지털 인문학 등 몇 가지 서로 다른 학제 간 연구(interdisciplinary study)이다. 우선, 문헌정보학에 근간을 둔 방법을 사용하여서 북미 전문 기록관에 보존되어 있는 내한 선교사 편지에 대한 전체 목록을 작성하였다. 이는 그동안 한국 기독교 역사학에서 파악할 수 없었던 방대한 분량의 내한 선교사 편지의 실체를 드러낸 것으로 초기 한국 선교의 역사를 조명하는데 필요한 자료를 전체적으로 파악하는데 도움이 될 것이다. 그리고 내한 선교사 편지의 총체적인 목록을 근간으로 통합 관리형 디지털 아카이브를 구축하는 이론적이며 실제적인 방안을 제시한다.

디지털 아카이브의 구축은 단순히 홈페이지를 만들어 자료를 제공하는 것이 아니라, 디지털 인문학의 일부로서 특정 시대에 특정 집단에 의해 작성된 편지 형식의 자료를 현대의 연구자들이 용이하게 접근하여 자신들이 필요한 연구에 창의적으로 사용할 수 있도록 기반을 마련하는 것이다. 이를 통하여 방대하며 여러 곳에 산재하여 있어 접근하기 어려운 수많은 편지들이 디지털의 기법을 통하여 마치 하나의 자료와 같이 검색과 연구의 대상이 될 수 있다.

본 연구는 두 부분으로 구성되어 있다. 제1부는 북미 기록관이 보존되어 있는 내한 개신교 선교사 편지에 대한 연구이다. 1장에서는 먼저 내한 선교사 편지에 대한 총체적인 연구의 필요성을 제시한다. 이어서 본 연구의 범위를 한정하고 또한 본 연구가 지향하는 두 가지 목적을 제시할 것이다. 2장에서는 선행 연구를 둘러보려 한다. 그런데 본 연구는 직접적인 선행 연구의 사례가 없기 때문에 유사한 연구들의 실례를 통하여 본 연구가 추구하는 인문학적인 맥락과 위치를 규명해 볼 것이다. 3장에서는 기록학적인 관점에서 내한 선교사 편지의 자료적인 가치를 조명할 것이다. 편지라는 특정 부분에 대한 연구 전에 내한 선교사들이 생산한 기록을 개관하여 살펴본 다음, 이러한 전체 기록물 중에서 편지라는 소통 수단의 필요성과 특징을 간단히 개관할 것이다. 4장에서는 북미 보존 기록관에 소장되어 있는 선교사 편지 및 편지 컬렉션의 현황을 한 눈에 볼 수 있도록 목록을 제시하되, 본 연구가 어떤 과정을 걸쳐서 방대한 편지를 총체적으로 볼 수 있는 목록을 만든 과정도 밝힐 것이다. 5장에서는 선교사 편지 컬렉션을 다섯 가지의 유형으로 분류한다. 이 분류는 편지가 작성되고 컬렉션으로 형성되는 특징에 근거를 두고 있는데 저자가 고안한 방법이다. 따라서 먼저 유형 구분의 정당성을 입증하고, 유형에 따라 모든 컬렉션을 분류하며, 각 유형의 특징을 비교적 상세하게 소개할 것이다. 이를 통하여 독자들은 방대한 내한 선교사 편지의 특징들을 용이하게 살펴볼 수 있게 된다. 6장은 사례 연구로서 본 연구가 분류한 유형 중에서 연구 가치가 많은 유형에 속한 특정한 컬렉션을 하나 선택하여 분석할 것이다. 1904년에서 1910년 사이 호남에서 활동했던 세 명의 미국인 의사 선교사들이 그들을 공통적으로 후원하던 후견인에게 쓴 편지를 분석하여 다음 단계를 위한 메타데이터를 구축해 볼 것이다.

제2부는 이 편지들을 위한 디지털 아카이브를 구축하는 것에 관한

제안이다. 7장에서는 디지털 인문학의 일환으로 세계 각국에서 특정한 편지들을 대상으로 구축해 놓은 대표적인 디지털 아카이브의 실례를 살펴볼 것이다. 6개의 실례를 소개하는데, 미국(3개), 영국, 네덜란드, 아일랜드 등 네 나라에서 계발한 디지털 아카이브 혹은 디지털 인문학 프로젝트로, 대상이 되는 편지는 많게는 약 15만, 적게는 약 80여 통으로 다양한 사례를 제시할 것이다. 8장은 6개의 사례를 분석하여 내한 선교사 편지의 디지털 아카이브를 구축하는데 필요한 요소들을 정리한다. 그리고 마지막 장인 9장에서는 목적한 디지털 아카이브를 구축하는 구체적인 방법의 개략을 제시할 것이다.

제1부

북미 보존 기록관에 소장되어 있는 내한 선교사 편지 연구

1. 내한 선교사 편지에 대한 총체적 연구의 필요성

우리나라 개신교 선교의 역사는 1882년 5월 22일 조미수호통상조약(朝美修好通商條約)이 체결된 이후 1884년에 입국한 미국인 선교사 호러스 알렌(Horace N. Allen, 1858-1932)의 활동으로 시작되어, 일본과 미국간 전쟁의 발발로 모든 개신교 선교사들이 철수해야 했던 1942년까지 계속 되었다. 이 기간 동안 내한한 선교사는 총 1,529명으로 추정된다(김승태·박혜진, 1992, p.4). 이들의 국적은 미국, 캐나다, 영국, 호주 등이며,[1] 이들이 한국에서 사용한 선교 방법이나 선교 기간은 물론 이들을 파송한 단체는 다양한 것으로 나타난다. 선교사들이 한국에서 수행한 여러 가지 활동의 모습은 선교사 모임의 회의록, 선교활동 보고서, 일기, 개인적인 노트, 사진 등 다양한 기록물을 통해서도 드러나지만 선교사들

1) 선교사들의 국적은 미국인 1059명(69.3%), 영국인 199명(13.0%), 캐나다인 98명(6.4%), 호주인 85명(5.6%)이었다(김승태·박혜진, 1994, p.4).

의 삶과 사역이 담겨 있는 대표적인 기록물은 편지였다.

모든 선교사들은 개인적, 공식적인 이유에서 편지를 썼다. 내한 선교사들의 편지는 공식적으로 작성한 경우는 말할 것도 없고 사적으로 쓴 경우에도, 선교지의 문화 정치 사회에 관련된 내용들을 포함하고 있어 연구적 가치가 있다. 특히 정치적으로 혼란스러웠던 19세기 말에서 20세기 초 우리나라에서 활동하던 선교사들은 외국인의 시각에서 한국의 정치, 사회, 문화를 이해하고 있었으며 이들이 쓴 편지에는 이러한 정보들이 포함되어 있는 경우가 많았다. 따라서 내한 선교사들의 편지 연구는 한국 근현대사를 재조명할 수 있는 자료로 볼 수 있다. 특히 선교사의 편지에는 동시대의 다른 기록에서 찾아볼 수 없는 당시 한국인의 사회, 문화 등에 관한 생생한 기록들이 포함되어 있다. 다수의 선교사들은 당시 한국의 하층민 속에서 일했기 때문이다.

내한 선교사가 편지를 쓴 동기나 목적 그리고 대상은 무척 다양하다. 선교사들은 파송 교단이나 선교 단체에 정기적으로 사역을 보고하는 편지를 썼으며, 가족 친지에게 개인적인 사정을 알리고 안부를 묻는 편지를 보냈다. 나아가 직무 수행을 위하여 필요한 분야의 전문인들과도 편지로 교류했다. 또 외국에 거주하는 사람으로 자국의 해당 공공 기관에 필요한 서류를 발급받기 위한 편지도 다수 남아 있다. 결과적으로 북미에서 내한 선교사의 편지를 받은 수신인은 광범위하다. 이들 수신인들이 보관하던 편지들은 일정 기간 후에 전문 보존 기록관에 기증되거나 파송 교단 기관의 부설 기록관으로 이관되어서 영구 보존되었다. 현재 여러 경위를 통해서 북미주 지역 기록 기관에 보존되어 있는 선교사 편지는 대략 2만 통으로 추정된다. 그리고 이들 중 다수는 아직 국내 연구자에게는 잘 알려지지 않은 상태이다.

그동안 내한 선교사들이 작성한 편지에 대한 연구는 주로 한국 개신교 선교에 관심 있는 연구자들과 한국 기독교 역사를 연구하는 학자들에 의해서 진행되었다. 보통 연구자들은 미국과 캐나다에 있는 개신교 교단 문서를 취급하고 있는 보존 기록관을 직접 방문하여 관련 자료를 찾아 복사하여 돌아와서 연구하는 방법을 사용하였다. 간혹 한국에 있는 연구 기관이 미국과 캐나다의 교단 자료에 포함된 내한 선교사의 편지를 복사본 혹은 마이크로필름으로 복제하여 보유하고 있는 경우, 국내에서 이러한 자료를 찾아볼 수 있었다. 하지만 교단 기록관에 보관되어 있지 않은 편지들은 그 소재 파악이 어려워 종종 연구 대상에서 누락될 수밖에 없었다. 이에 본 연구는 1884년에서 1942년 사이 활동했던 내한 선교사들이 작성한 편지들을 보관하고 있는 미국과 캐나다의 보존 기록관들을 보다 상세하게 조사하였으며, 내한 선교사의 편지가 소장되어 있는 것으로 확인된 경우, 그 규모를 추적하였다.

선교사의 편지는 낱개로 보존되어 있는 경우는 드물며, 대부분은 묶음으로 소장되어 있다. 이를 '컬렉션(collection)'이라 부른다. 본 연구는 1884년에서 1942년 사이에 내한 개신교 선교사에 의해서 작성된 편지를 보존하고 있는 모든 컬렉션의 목록을 작성하였다. 이는 선교사 편지를 소재한 보존 기록관과 컬렉션을 전체적으로 파악하는 연구이지만, 결국 소장되어 있는 편지의 대략적인 내용도 파악할 수 있기 때문에, 이를 통하여 당시 한국 선교 현장에 관한 정보 뿐 아니라 개화기의 한국 사회, 문화 및 정치에 관한 자료를 찾아내는 작업이기도 하다. 따라서 본 연구는 편지를 통한 역사 연구이면서 동시에 자료 연구로서 의미가 있다.

약 2만 통에 달하는 편지들에 관한 대략의 정보와 간략한 내용들이 손쉬운 방법으로 연구자들에게 제공될 수 있다면 선교사 편지를 통한 한국 근대사 연구에 적지 않은 도움이 될 것이다. 나아가 내한 선교사의 편지 자료는 역사, 종교 등과 같은 인문학적 연구뿐 아니라 최근 활발해지고 있는 지방 자치 단체가 추진하는 그 지역 사회의 뿌리가 될 만한 문화 및 정신을 발굴하는 과제에도 도움이 될 것이다.

현재까지 북미 보존 기록관에 보존되어 있는 내한 개신교 선교사의 편지 전체를 대상으로 학술적 연구가 진행된 바는 없었다. 그 이유는 연구 대상이 되는 편지의 소재 및 규모 파악이 쉽지 않기 때문이었다. 선교사들이 보낸 편지의 수신인들이 다양해서 이들의 소재를 추적하는 것은 난제였다. 또 대략의 규모를 파악한다 해도 이를 다음 연구자들이 용이하게 사용할 수 있는 자료로 구축하는 것이 더욱 어려운 과제였다.

그러나 북미 보존 기록관에 소장되어 있는 내한 선교사 편지에 대한 총체적인 연구를 진행하는 것이 본 연구의 목적이며 의의이다. 먼저 대상이 되는 편지의 소재와 규모를 파악하고, 이들을 유형별로 분류하고, 이용자들이 용이하게 사용할 수 있는 구체적인 방법을 제안하고자 한다. 이를 위하여 본 연구는 다음과 같은 두 가지 분야에 집중할 것이다.

첫째, 선교사들이 작성하였고, 현재는 북미 지역의 다양한 보존 기록관에 산재되어 있는 편지 자료 전체의 목록을 만드는 것이다. 목록은 스프레드시트에 담아 이를 기반으로 디지털 편지 아카이브를 구축하는데 필요한 기초 자료로 사용할 수 있다. 하지만 본서가 제공하고 있는 목록은 아직 완성된 것이 아니라 업데이트되고 있는데 이는 앞으로도 계속 편지들이 추가로 발견될 것이기 때문이다. 본서가 제공하는 목록에는 편지의 발신인, 수신인, 발신지, 날짜, 소장기관 등의 정보를 포함하고 있다.

둘째, 파악된 편지 자료를 유형별로 분류하는 것이다. 방대한 양의 편지들이 몇 개의 유형으로 분류될 수 있다면, 이용자들은 자신의 연구 목적에 적합한 유형의 편지들에 우선순위를 두고 접근할 수 있다. 특히 내한 선교사들이 개인적으로 쓴 편지 중에는 단순히 가족들에게 안부를 전하는 것이 많지만, 선교사들이 선교 활동을 하면서 관심을 갖게 된 분야의 전문인들과 특정한 이슈를 다루기 위하여 소통한 편지 유형도 나타난다. 후자에는 소위 공식적인 역사에서는 찾을 수 없는 당시 한국의 사회 정치 문화에 관련된 깊은 이야기들이 포함되어 있다. 이런 이야기들은 한국의 정세에 대한 외국인의 관점을 포함하고 있으며, 당시 한국 사회에 대한 선교사들의 애환도 담겨 있다. 특히 의료나 교육 선교사들의 편지에는 복음 전도 측면 이외에도 당시 한국 사회에 관한 공식적으로 드러나지 않은 정보가 담겨 있는 경우가 있다. 선교사들은 사회의 상위층 뿐 아니라 다양한 사람들과 더불어 살았기 때문이다. 예를 들어, 의료 선교사들이 본국의 전문인들에게 보낸 편지에는 당시 한국 사회를 위협했던 전염병의 문제를 다룬 것도 있고, 곤충 채집에 관련된 내용도 있다. 또 교육 선교사들의 편지에는 신사 참배 등 사회적인 이슈에 대한 경우에 대한 것도 있다.

결국 본 연구에서는 내한 선교사들이 작성했던 편지 중 보존되어 있는 자료들을 현재의 연구자들이 편리하게 이용할 수 있도록, 그 총체적인 목록을 만들고, 이 목록에 오른 컬렉션들을 일정한 유형으로 분류할 것이다. 2부에서는 이 목록에 담긴 데이터를 공유 가능한 자료로 구축하여 디지털 편지 아카이브를 구현해 보려고 한다.

2. 유사연구 둘러보기

본 연구를 위한 선행 연구는 직접적으로 참고할 만한 대상은 없다. 다만 본 연구과 유사 주제에 대한 연구들을 둘러봄으로, 내한 선교사 편지 연구가 위치한 맥락을 살펴볼 수 있다. 선행연구 둘러보기의 대상이 되는 연구들을 세 가지 분야에서 찾아보았다. (1) 다른 나라의 선교 관련 편지의 컬렉션을 연구한 사례, (2) 내한 선교사의 편지를 인물별로 묶어서 출간한 책들, (3) 내한 선교사 기록물 연구 가치에 대한 새로운 조명이다.

1) 선교사 편지 컬렉션 연구의 사례들

첫 번째 주목할 만한 연구는 AD 1세기에 선교사가 후원자들에게 썼던 다수의 편지에 관한 것이다. Fewster(2016)는 "Archiving Paul"에서 사도 바울(Apostle Paul, 5-67)이 쓴 13개의 편지를 최초의 고대 서신 컬렉션 중 하나로 간주하여 기록학적 연구 대상으로 삼았다. 즉, 사도 바울의 편지가 쓰였던 1세기부터 원문 비평학자들(textual critics)이 바울의 편지의 진본성과 독창성을 세밀하게 조사하였는데 이는 현대적 의미로는 아카이브 전략과 '원질서(original order)'의 점검에 해당하는 기록학 요소들에 관한 것이다. 그는 바울 서신 자체가 컬렉션에 해당하며, 정경(canon)에 속한 편지들이라 서로 떨어질 수 없는 유기체라고 주장하였다. 만약 바울이 쓴 13개의 편지가 선교사 편지의 컬렉션이라면, 이는 역사상 가장 오래된 것일 뿐 아니라 가장 활발하게 연구된 컬렉션이라 할 수 있다.

둘째, Fitzgerald(2005)는 19세기 초 북부 뉴질랜드에 영국의 Church Mission Society가 파송하여 온 여성 선교사들이 작성한 편지와 일기를 뉴질랜드의 한 보존 기록관에서 발견하여 그것을 연구하던 자신의 경험담을 논문으로 썼다. 그의 연구는 과거의 역사 속에서 배제되었던 19세기 초반의 특정 여성들에게 잃어버린 역사적 현주소를 되찾아 주는 것이었다고 주장한다. 그는 아카이브란 현재와 과거 사이를 연결해 주는 역할을 하며 기억을 지켜주고 동시에 기억을 만들어 가는 작업을 한다며 아카이브의 사회적 책임에 대한 논의를 펼쳤다.

셋째, Albrecht(2014)는 범세계적인 서신 네트워크를 형성했던 예수회 가톨릭 선교사들의 편지 컬렉션에 관련한 논문에서 현재 활발히 논의되고 있는 '글로벌 관점(global perspectives)'은 21세기에 국한된 개념이 아니라고 주장한다. 그에 의하면 이미 16세기에 세계 거의 모든 곳에 선교사들을 파송했던 예수회는 "글로벌 네트워크"를 구축하고 있었는데, 이에 선교사들의 편지가 중요한 기록 자료임을 주장하였고 예를 들어 18세기 멕시코에 갔었던 스위스 예수회 선교사 필립 세게서(Philipp Segesser, 1689-1762)는 그가 작성한 수많은 편지를 통해 예수회와 스페인 왕실과의 관계, 식민지 멕시코의 시대적 현황, 유럽인들과 아메리카 원주민간의 관계 등을 기록하였다. Albrecht는 세게서가 남긴 편지를 통하여 한 선교사의 개인적인 시각을 통해 당시의 범세계적인 정치, 사회 상황을 조망할 수 있다고 주장하였다.

마지막으로 Mills(2009)의 논문은 19세기 러시아에서 캐나다로 이주한 메노나이트(Mennonites) 교파 공동체들의 편지를 다룬 바 있다. 그는 메노나이트 공동체가 선교사는 아니지만, 독실한 신앙을 가진 기독교 그룹이라는 점과 이주민으로서 본국에 두고 온 가족과 친구들에게 편지를 보냈다는 점에서 종교 전파를 목적으로 이주한 선교사들과 흡사한 부분이 있다고 지적하였다. Mills는 메노나이트 이민자들의 편지는 낯선 캐나다 땅에서 신앙, 삶의 방식, 가치의 도전을 받으며 살아간 그들의 생활에서 생산되었다는 점을 강조했다. 기록을 다룰 때 무엇보다 중요한 것은 기록을 둘러싸고 있는 맥락 정보를 알아내는 것이다. 필연적으로 선교사들의 자료 역시 그것이 속한 지역적, 시대적 맥락에 대한 올바른 이해가 요구된다.

선교사들이 남긴 편지의 컬렉션은 신약성경 시대부터 존재하였지만 선교사 편지에 대한 기록학적인 연구는 현재까지 매우 제한적인 것으로 나타나고 있다. 본 연구에서 살펴본 4개의 선행연구를 종합해 보면 선교사의 편지 컬렉션은 편지 작성자의 주변 상황의 다양한 모습들을 파악할 수 있는 자료임을 알게 되고 선교사의 편지는 낯선 공동체의 맥락에서 생산된 것이 특징이어서 선교사의 편지 연구를 통해 그 기록을 둘러싸고 있는 맥락에 관한 정보를 알 수 있게 된다.

2) 내한 선교사 편지를 단행본으로 출간한 예들

일부 내한 개신교 선교사들의 편지는 국내에서 묶여서 번역이 되어 단행본으로 발행되어 연구자들에게 기초 자료로 제공되고 있다. 〈표 1〉은 지난 2000년 이후 발간된 선교사들의 편지 원문 그리고 번역문을 포함한 책들을 정리한 것이다. 이러한 편지들은 주로 선교사들이 소속 교단 본부에 보낸 편지들이고 저작권 보호 기간이 끝난 편지들이라서 책으로 출간되는 것이 가능하다.[2] 이러한 출판물은 모두 13종으로 확인된다. 마펫(Samuel A. Moffett, 1864-1939)과 언더우드(Horace G. Underwood, 1859-1916)는 각각 2개의 다른 출판사에서 출간하였고, 그 외 알렌, 헤론(John W. Heron, 1856-1890), 게일(James S. Gale, 1863-1937), 빈튼(C. C. Vinton, 1856-1946), 스크랜튼(William B. Scratnon, 1856-1922) 등이 있다. 개별 저자의 편지 외에 미국 북장로교 소속 여성 선교사들의 편지를 묶은 출판물도 있는데, 장로교 최초의 여학교인 정신여학교에서 활동한 선교사들이 보낸 편지들이다.

---

2) 편지와 같은 미출간 자료의 저작권은 저자가 죽은 후 70년까지 유효하고 저자의 사망 날짜를 모르는 경우는 120년이다 SAA: Copyright and Unpublished Material.

〈표 1〉 내한 선교사의 편지를 묶어 출판한 단행본

	선교사	서명	옮긴이	편지 수	발행사	발행 년도
1	알렌 Allen, Horace	알렌의사의 선교, 외교 편지	김인수	164	쿰란	2007
2	엘러스 & 정신여학교 교사 Eller, Annie	장로회 최초의 여학교 선교편지	정신 여학교 사료연구 위원회	48	홍성사	2014
3	게일 Gale, James	제임스 S. 게일목사의 선교 편지	김인수	33	쿰란	2009
4	헤론 Heron, John	헤론의사의 선교편지: 1885-1890	김인수	39	쿰란	2007
5	마펫 Moffett, Samuel Austin	마포삼열목사의 선교편지: 1890-1904	김인수	312	장로회신대 출판부	2000
		마포삼열 서한집(1)	옥성득	[109]	두란노	2011-
6	랭킨 Rankin, Cordelia	사랑을 심는 사람들: 푸른 눈의 처녀 선교사의 편지, 1907-1911	송상훈	25	보이스사	2000
7	스크랜턴 Scranton, William	윌리엄 B. 스크랜턴 서신 자료집	스크랜턴 기념 사업회	100	한국기독교 역사연구소	2010
8	언더우드 Underwood, Horace	언더우드의 선교편지: 1885-1916	김인수	156	장로회신대 출판부	2002
		언더우드 자료집 1-5	이만열, 옥성득	--	연세대학교 출판부	2005 -
9	빈튼 Vinton, Caldwell C.	빈튼의사의 선교편지: 1891-1899	김인수	55	쿰란	2015
10	윌리엄스 Williams, Frank	기도가 된 편지: 한국을 사랑했던 프랭크 윌리엄스선교사의 편지	서만철	224	두란노	2019

11	대한성서공회사 선교사 Ross, John; Loomis, Henry; Kenmure, John; Miller, Hugh	대한성서공회사 자료집 1-3: 로스서신과 루미스 서신	옥성득, 이만열	201	대한성서 공회	2004 - 2011

3) 내한 선교사 기록물 연구 가치에 대한 새로운 조명

기독교 선교사들의 기록물 자료를 중점으로 연구한 국내 논문 6편 중 2편은 지역적 주제이고 3편은 디지털 아카이브 구축에 관련한 논문이다. 해외 논문으로는 북미 지역의 기독교 선교 연구에 관한 2개편의 논문이 있다. 먼저 국내 논문을 살펴보면, 1909년에서 1949년까지 한국에서 활동한 독일 성 베네딕도회 가톨릭 선교사들이 남긴 정기간행물 "Missionbläter"에 관한 연구이다. 박보영(2015)은 한국에서 40년을 보낸 독일 선교사들의 기록에 따르면 선교사들은 "현지인처럼 살기를 지향하지만 여전히" 이방인으로서 살았고 그들의 시각은 "예민하고, 체제내적이지만 동시에 저항적이라고" 밝히고 있다(p.47). 선교사들이 남긴 기록을 분석한 후, 박보영은 서양인 선교사 문헌 연구의 의의를 다음과 같이 세 가지로 설명하였다. 첫째, 재조일본인들의 기록을 제외하면 일제강점기에 대한 개인적 기록은 희소하다. 둘째, 선교사들의 선교 대상이 대부분 하층계급에 집중되어 있다. 셋째, 선교사들의 기록에는 그들이 활동하는 동안 수집하고 이해한 각 지역에 관한 정보가 포함되어 있다.

지역적 주제를 다루는 2편의 논문은 선교사 자료로서 호남 지방의 종교와 지리를 조사한 송현숙 외(2015)와 송현강(2006)의 충남지역 기독교 기록물 연구이다. 송현숙은 선교사들이 낯선 곳에서 당면한 문제를 서로 공유하며 풀어나가는 과정에서 여러 기록을 남겼다고 했다. 이러한 기록은 선교사들의 생활을 이해하고 더 나아가 한국 근현대사를 이해하는 데 큰 도움이 되는 자료라고 간주하였다. 특히 선교 자료의 "다양성, 통합성, 전문성"은 문화콘텐츠로 개발할 수 있는 잠재적 가능성이 높고, 학제 간의 융합연구에도 활용할 수 있다고 보았다(p.360). 송현강 역시 지역기반의 기독교 기록물의 중요성을 강조하였다. 대전 충남지역에서 기독교가 미친 사회적 영향에 대한 연구목표 아래, 그 지역 기독교 자료의 실태 현황을 파악하고, 기록물을 주제에 따라 분류하고, 각 지역 교회에서 생산한 기록물 관리의 대안도 제시했다.

한아랑 외(2016)와 장윤금(2013)은 각각 가톨릭 그리고 개신교 역사 자료의 디지털 아카이브 구축의 필요성을 논한 연구이다. 한아랑은 한국 천주교 전주교구 지역에 있는 호남교회사 연구소의 소장 기록물을 지역 문화콘텐츠로서 충분한 가치가 있다고 보고, 지역적 특색이 보이는 디지털 아카이브 구축은 지역발전에 기여할 것이라고 주장했다. 마찬가지로, 장윤금은 국내외 흩어져있는 개신교 선교사들의 자료는 종교 가치를 넘어 새로운 시각으로 사회를 보여주는 수단으로서 기독교 자료의 중요성을 강조하며 디지털 아카이브 구축의 필요성을 제시했다. 특히 "선교사 자료를 한곳에서 찾아 볼 수 있는 통합정보검색시스템과 기관들 간의 네트워크 구축 그리고 원자료를 온라인상에서 찾아볼 수 있는 시스템구현"이 필요하다는 문제를 지적하기도 했다(p.278). 허경진, 한미경, 이혜은(2018)은 내한 선교사들 중 의료선교사들의 편지 기록물 현황을 제시하고 이 자료들의 디지털화 방안을 논했다. 북미 29개 기록 보존 기관의 49개 컬렉션을 대상으로 하고 있는 이 논문은 디지털 인문학의 관점에서 선교사 자료 연구의 방법을 살펴보았다.

해외 논문 중에는 한국 기독교 선교 자료만을 주제로 다루는 논문은 없지만 북미 내 다수의 한국 선교 자료가 산재하고 있는 이상 일반적인 선교 자료 관련 논문도 한국 관련 연구에 유용한 참고자료가 될 수 있다. Peterson(1991)은 북미 선교 연구를 위한 정보원에 관한 논문에서 미국과 캐나다에서 선교 연구를 위한 연구기관, 선교 관련 자료 종류, 선교 연구에 도움이 되는 목록 등을 소개했다. 그는 가장 접근이 쉬운 선교 자료는 출판된 자료이고, 미출판 선교 관련 주요 기록물들도 마이크로필름화하여 널리 보급하는 데 관심을 표했다. 그는 제3세계 지역의 선교 문서가 적절히 수집되고 있지 않은 실정을 지적했고, 특히 특정 주제의 연구 자료에 관련된 목록과 안내 책자가 부족하다고 했다. Shuster(1985) 역시 해외선교 연구를 위한 자료들과 관련한 논문에서 지적하기를, 미국 내 보존 기록관에 남겨진 선교 기록은 선교사들이 남긴 기록들 중 일부에 불과한데 그것들도 수많은 보존 기록관에 흩어져있는 상태라고 했다. 그는 선교사들의 공식적인 교단 관련 문서를 "레코드"라고 불렀고, 개인적인 문서, 즉 편지, 일기, 사진, 기념품 등을 "페이퍼"라고 했다. 그는 다른 논문에서 언급되지 않은 선교사의 구술 인터뷰가 선교사의 경험담을 생생하게 담아내는 자료가 될 수 있다고, 그 외 정부 자료, 신문 자료, 여행가들의 경험담 등도 중요한 참고자료가 될 수 있다고 조언했다. 또한 연구자들이 다양한 보존 기록관에 산재된 자료를 폭넓게 사용하지 못하고 유명 기관만을 이용하려는 경향이 있는데 여러 종류의 작고 건실한 보존 기록관도 존재하고 있음을 상기시켰다.

3. 기록학적 관점에서 본 내한 선교사 편지의 자료적 가치

3장에서는 1884년부터 1942년 사이에 한국과 만주 용정[3]에서 활동하던 선교사들이 작성하여 현재 북미 보존 기록관에 소장되어 있는 편지의 컬렉션의 기록학적인 가치를 살펴보고자 한다. 먼저, 선교사 편지 공통적인 맥락이 되는 이 시기의 한국 개신교 선교 역사의 특징을 살펴보되, 이를 기록학적인 관점에서 수행할 것이다. 이를 통하여 편지가 작성된 배경과 함께 가장 많은 편지를 보존한 기록관이 교단들의 전문 부설 기록관이 된 이유를 알 수 있게 된다. 둘째, 19세기 말부터 일제강점기까지 내한 선교사들이 생산한 모든 기록물을 개관하여 봄으로써 그 스펙트럼 안에서 편지가 차지하고 있는 기록물로서의 가치를 파악하는 것이다. 편지에는 다른 주요 선교기록물이 포함하지 못한 많은 내용을 담고 있으며, 편지 이외의 자료에서는 그 활동을 잘 알 수 없는 선교사들의 개인적이며 공식적인 글을 편지로 접할 수 있다. 셋째, 개화기 당시 새로운 소통 수단으로서 활용된 우편을 살펴보면서 본 연구가 편지만을 대상으로 한정함으로 가지고 있는 한 가지 약점을 밝힐 것이다. 편지가 쌍방이 주고받았던 것이지만, 편지의 보존은 대부분은 수신인이 가지고 있는 것을 대상으로 한 경우가 대부분이다.

1) 기록학적 관점에서 본 한국 개신교 선교의 역사

본 연구의 수행을 위하여 첫 번째 사회역사적 배경으로 한국 개신교 선교 역사의 특징을 살펴보는 것은 필요하다. 다만, 관련 분야가 넓어 범위를 한정해야 한다. 여기서는 한국 개신교 선교의 역사를 특정 지을 수 있는 세 가지 요소를 간단히 소개하고 이에 대한 기록학적인 의미들을 살펴보려고 한다. 첫째, 북미 지역 개신교회의 한국 선교 역사는 교단이

3) 중국 만주 지역으로 이주한 많은 한국인들이 요청으로 캐나다장로회 해외선교부는 만주 용정에 있는 한인들을 위해 선교사를 파송하였고 1913년에는 용정에 땅을 구입해 기지를 조성했다(문백란, 2017, pp.357-358).

중심이 되어 진행되었다. 초기부터 한국 선교에 참여한 미국과 캐나다 주요 교단은 총 5개이다. 아래 〈표 2〉는 한국에 선교사를 보낸 북미 지역 5개 교단의 이름과 내한 연도 등에 대한 것이다. 한국에 온 개신교 선교사들은 절대다수가 북미 5개 교단으로부터 파송을 받았고, 이들은 각자의 교단에 업무상 정기적으로 편지를 보낼 책임이 있었다.

〈표 2〉 한국에 선교사들을 파송한 주요 북미 지역 교단

교단	교단 영문 이름	선교 지역	교단기간	내한년도[4]
미국 북장로교	Presbyterian Church in the United States of America	서울, 경기도 일부, 충청북도, 경상북도, 황해도 다수, 평안남도 대부분, 평양북도 다수	1789 –1959	1884–
미국 남장로교	Presbyterian Church in the United States	전라남도, 전라북도, 충청남도 일부, 제주도	1861 –1983	1892–
미국 북감리교	Methodist Episcopal Church	서울, 경기도 일부, 평안남도 일부, 평안북도 일부, 황해도 일부, 강원도 남부, 충청남도, 충청북도 일부	1784 –1939	1884–
미국 남감리교	Methodist Episcopal Church, South	서울, 경기도 일부, 강원도 북부, 함경남도 일부	1833 –1939	1896–
캐나다 장로교 (~연합교)	Presbyterian Church in Canada	함경남도, 함경북도, 만주	1875 –1925	1898–
	United Church of Canada		1925–	

4) 알렌은 미국 북장로교 소속으로 1884년에 내한하였다. 미국 남장로교는 7명이 팀을 이루어 1892년에 최초로 입국하였다. 미국 북감리교는 아펜젤러(Appenzeller, Henry)가 1884년에 입국하였다. 미국 남감리교의 최초 선교사는 리드(Reid, Clarence)이고 1886년에 입국하였다. 1898년에는 캐나다장로교가 파송한 그리어슨(Grierson)부부, 푸트(Foote)부부와 맥레(MacRae)가 입국하였다.

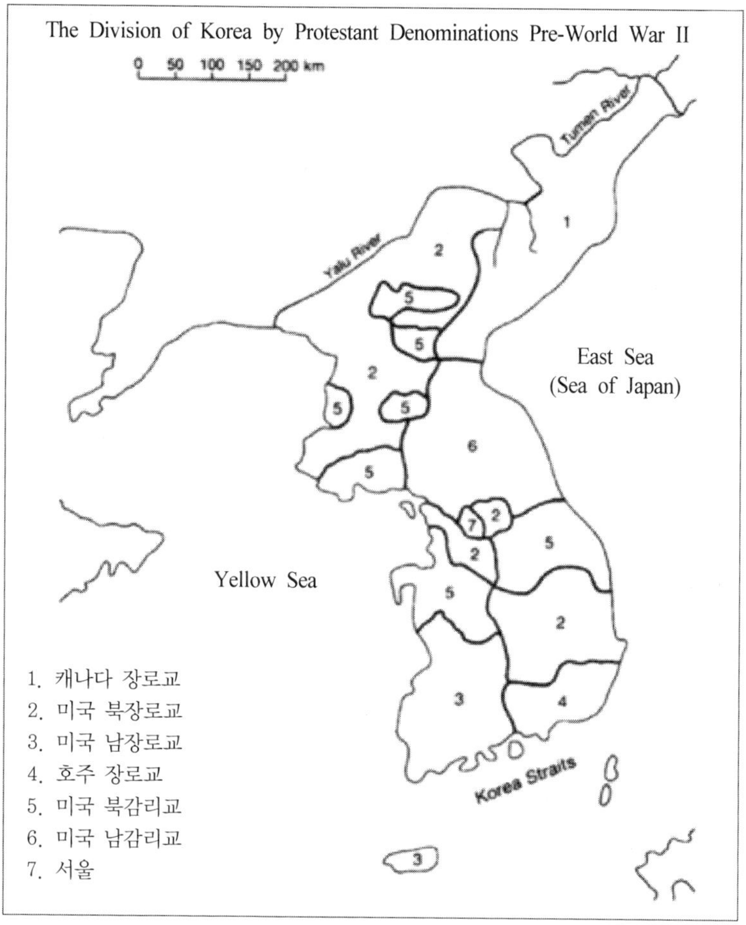

〈그림 1〉 예양협정 지도 (출처: Grayson, 1989)

5개 교단은 1892년부터 1901년까지 몇 차례의 협의 끝에 선교지역을 분할하는 예양협정(禮讓協定, Comity agreement)을 맺었다. 이는 선교에 참여하는 5개 교단이 각각 한국에서 담당하는 지역을 분할하여 그 지역만을 집중해서 선교하는 것이었다(〈그림 1〉 참조). 협정의 목적은 교단들 사이의 문제였던 선교 지역의 중복을 줄이기 위한 것이었다

(김재현, 2014, p.15).[5)] 교단 중심 선교는 내한 선교사들이 작성한 편지 중에 교단의 부설 보존 기록관에 보존된 편지의 수가 압도적인 이유이며, 내한 선교사 편지를 연구하는데 있어 북미 지역에 소재한 교단 부설 기록관을 가장 먼저 찾게 되는 이유이다. 이와 관련된 교단 부설 기록관에 관한 소개는 제4장에서 하기로 한다.

둘째, 북미 개신교의 한국 선교는 복음적인 활동과 사회봉사 및 참여가 균형을 이룬 것이 특징이다. 특히 사회의 하층민에게 적극적으로 선교했던 개신교 선교사들은 복음 전도는 물론 문맹 퇴치와 일반 의료봉사를 넘어서, 한센병 같은 문제를 다루는 일에 훌륭한 업적을 남겼다(이만열, 2003, pp.479-502). 한국 선교에 있어서 복음과 사회봉사의 균형이란 특징은 일제의 강점이라는 정치 및 사회적인 큰 변화와 어려움의 시기에 일본과 미국 사이의 정치 외교 관계가 큰 폭의 변화를 거듭하는 과정에서도 비교적 잘 유지되었다.

초창기 선교사들은 복음전파가 주된 목적이었지만 의료와 교육에 전문성을 가진 선교사들의 활동도 주목해야 한다. 이들은 한국인을 사랑하고 한국의 정세 변화 가운데 한국인과 함께하는 교육과 의료 봉사의 모습을 보여주었다. 본 연구가 대상으로 하는 기간의 한국 땅에는 러일전쟁, 을사늑약, 경술국치, 만세운동 등 수많은 국가적인 사건들이 있었고, 이런 정세의 변화를 겪는 동안 선교사들의 역할은 대단히 중요하였다. 특히 일본이 한국에 대한 정치적 영향을 키워 급기야 한국을 식민지화하는 동안 미국이 외교적으로 일본과 긴밀한 관계가 있었기 때문에

5) 분할 정책의 주요 협정은 다음과 같다: "(1) 주민 5천 명 이상 도시는 선교회 간에 공동으로 선교하고, (2) 5천 명 미만일 경우 이미 사역하는 선교회가 우선권을 가지며, 6개월 이상 공석일 경우 다른 선교회가 시작할 수 있고, (3) 각 선교회는 가능한 선교가 시작되지 않은 지역에 우선 선교하고, (4) 감리교-장로교에 상관없이 다른 교회를 존중한다(김재현, 2014, p.15).

미국과 캐나다 선교사들은 오히려 한국 땅에 선교하기에는 편리한 상황을 맞이하게 된다. 하지만 이런 정세는 1935년부터 신사 참배의 문제가 대두되면서 급격히 냉각되고 1937년에 일본은 모든 한국에 있는 공립과 사립학교에 신사 참배를 강요하기 시작했다. 이에 다수의 개신교 선교사들이 한국에서의 선교를 중단하게 되고, 이어 1941년 일본이 미국과 전쟁을 시작하면서 이듬해인 1942년에는 한국 땅에서 완전히 철수하게 된다[6](박용규, 2004, p.785). 이러한 개신교 선교의 역사는 내한 선교사의 기록물인 편지에, 당시 어두웠던 한국 역사의 현장에 있었던 외국 지성인들의 시각 및 종교 정신에 대한 내용을 담고 있다. 그리고 이 편지 기록물들은 한국이 아니라 북미 지역에서 보존되어 왔다는 점에 기록학적인 관심을 일으킨다.

셋째, 각 교단의 한국 선교는 초창기부터 팀 사역(team ministry)으로 진행되었다. 여러 명의 선교사를 순차적으로 혹은 동시에 파송하였고, 이들은 팀으로 선교하였는데, 이들 중에는 복음, 의료, 일반교육, 특수교육을 담당할 전문인들도 다수 포함되어 있었다. 각 교단은 그들이 분할 받은 선교지 내에 거점 지역을 정하여, 거점 지역을 정하였다. 거점 지역이 정해지면, 선교지부(mission station)를[7] 조성하기 위하여

6) 태평양 전쟁이 발발하자 1940년 주한 미국총영사는 자국민의 완전철수를 명령했는데 일제가 선교사들을 한국 통치의 걸림돌로 생각하며, 스파이(spies)로 분류하고 있었기 때문이다. 1940년 11월에 미국 정부가 준비한 마리포사(S. S Mariposa)호로 미국인 선교사와 자녀들 209명이 샌프란시스코로 떠났고, 그해 말이 되면 90%의 외국 선교사들이 한국을 떠나게 된다. 끝까지 남아 있던 선교사들 중 12명은 1941년 3월 2일"반전기도일 사건"이유로 구금한 후 추방되었고, 그 외 남은 40명의 선교사들은 1942년 4월에 떠났다. 마지막까지 남은 H. H. 언더우드가 42년 6월에 떠나면서 한국에 있던 모든 외국인 선교사들이 떠나게 되었다(박용규, 2004, pp.781-785).

7) 선교지부의 모습을 살펴볼 수 있는 대표적인 곳이 순천이다. 순천은 미국 남장로교의 5대 거점 도시 중에 하나였는데 다른 곳이었던 전주, 군산, 광주, 목포보다 작고, 늦게 시작된 도시이기 때문에 오히려 옛 모습을 조금 더 많이 보존하고 있다. "1913년 당시 매산 등에 위치한 선교사 마을은… 순천부 읍성을 한눈에 볼 수 있는 좋은 조망권을

주변에 필요한 땅을 구입하였다. 선교 지부에는 선교사들의 주택은 물론 병원, 학교 등의 시설을 갖추었고, 이를 중심으로 총체적인 선교를 하였다(방연상·송정연, 2017, pp.70-71). 각 선교사는 자신의 전문적인 영역을 담당하였지만, 팀으로는 하나의 유기체를 이루면서 선교의 효율성을 높였고, 선교사들이 서로를 지지해주는 커뮤니티를 형성하여서 장기적으로 선교를 할 수 있는 기틀을 마련하였다.

나아가 각 교단은 병원, 대학교, 신학교의 운영 그리고 선교를 돕는 정기간행물의 발간 등 필요하고 중요한 일에 연합이 잘 되었다고 볼 수 있다. 평양에서는 1906년 북감리교와 북장로교가 연합하여 숭실대학교(Union Christian College)를 설립하여 운영하였고, 1920년대에는 북장로교의 평양제중병원(Caroline Ladd Memorial Hospital)이 북감리교의 기홀병원(William Hall Memorial Hospital)과 광혜여원(Women's Hospital of Extended Grace)과 연합하여 평양 연합기독병원(Pyengyang Union Christian Hospital)으로 운영되었다(이만열, 2003, p.419). 서울에서는 1915년에 북장로교, 캐나다장로교, 북감리교, 남감리교가 같이 연희전문학교(Chosen Christian College)를 설립했다. 세브란스병원과 세브란스의학전문학교는 1913년 이후 모든 교파가 연합하여 운영이 되었다(한국기독교역사연구소, 1989, p.212). 정기간행물의 경우 장로교와 감리교 전체가 협력하여서 코리아미션필드(The Korea Mission Field)를 1905년에서 1941년까지 36년 동안 발간하기도 했다(김인수, 1997, p.173). 내한 선교사들의 팀 사역은 개별적으로 감당할 수 없는 큰 규모의 사역을 할 수 있었으며, 특히

가진 곳이었다. 당시 이곳은 돌들이 많아 공동묘지(애기 장터)로 사용되는 등 버려진 땅이었다. 이런 불모지인 언덕과 주변의 초가집 여러 채를 구입하여 우리의 가옥이나 마을 형성과는 다른 미국식의 독립적인 영역을 구축했다. 독립적인 미국식 영역의 마을 구조라고는 하지만 한국의 정서와 건축기법을 나름대로 반영한 것으로 보인다."(순천시, 2010, p.29).

전문적인 출판물을 장기간 발행할 수 있었다는 것은 기록학적 관점에서 주목할 만하다.

2) 내한 선교사들의 중요 기록물

선교사들이 남긴 자료는 그 가치를 제대로 인정받지 못하는 경향이 있다. 이는 이들의 기록물에는 식민주의적 역사관이 투영되어 있다고 평가되었기 때문이다. 이런 현상은 탈식민적인 사학자들이 서구 학계를 장악하면서 보편화되어(McKay, 2007, p.548) 우리나라에도 영향을 미쳤다.[8] 그러나 선교사들은 다른 역사 자료들에서는 찾아볼 수 없는 "뜻밖에 우리가 기억해내지 못한 인민의 삶의 흔적과 그들의 의사표현"(박보영, 2015, p.48)에 관한 내용을 담고 있다. 또한 개신교 선교사들은 사회 각층의 다양한 사람들과 만나며 그들의 언어, 문화를 배우고 오랫동안 함께 살았기 때문에 이들이 남긴 기록에는 다른 역사 자료에는 빈약해 보이는 사회의 다양한 영역을 포함하여 각 지역의 문화, 정치, 사회의 모습을 보여주는 기록이 담겨있다. 따라서 내한 선교사들의 기록은 그 당시 상황을 다각적인 시각에서 보여주는 특별한 자료에 속한다고 할 수 있다.

내한 선교사들이 작성하였고 북미 지역의 기록관에 보존되어 있는 편지를 연구하기 전에 먼저 이들 선교사들이 생성한 모든 자료에 대하여 개괄적으로 살펴보는 것이 필요하다. 내한 선교사들의 자료는 크게 '출판 자료'와 '미출간자료'로 나눌 수 있다. 전자의 경우 단행본, 정기 간행본, 전도지, 성서 등이 속하며, 후자에는 선교활동 보고서, 회의록, 일

8) 천주교 조선 교구장 뮈텔 주교가 1890년에서 1932년까지 조선에서 쓴 일기인 '뮈텔주교일기'는 "재한 외국인 선교사의 기록이라는 것 때문에 그동안 연구자들의 관심이 크지 않았다."(윤선자, 2015, p.187).

기, 노트, 편지, 수첩, 사진, 영상물 등이 포함된다. 출판물은 성격상 연구자의 접근이 용이한 대상인 반면에 미출간 자료는 연구자가 쉽게 접근하기 어려운 메뉴스크립트 모습으로 보존되어 있는 경우가 적지 않다. 미출간 자료는 본질적으로 유일 본이다. 후에 일부는 영인본, 마이크로필름 혹은 디지털화되어 널리 배포된 것도 있지만 유일본인 편지들은 연구자들이 쉽게 접근할 수 없는 자료이다.

이곳에서는 먼저 내한 개신교 선교사들이 협력하여 출간한 정기 간행물을 소개하려고 한다. 이는 이 간행물 안에 선교사들이 본국의 교단에 보냈던 공식 편지의 일부가 담겨있기 때문에 이 분야를 연구함에 있어 이 간행물에 대한 의존도가 높기 때문이다.

내한 선교사들은 선교 초기부터 출판을 유용한 선교의 수단으로 생각했고(김마이클, 2010, p.6), 특히 전도지와 성경은 사람들에게 새로운 종교를 소개하고 알리는 도구로써 매우 중요하고 절대적이라 판단했다. 한국에 가장 먼저 도착한 선교사 중에 하나인 아펜젤러(Henry G. Appenzeller, 1858-1902)는 1889년에 배재학당 내에서 삼문출판사(三文出版社)를 설립하였고 중국에서 활동하는 선교사이며 출판 기술자인 올링거(Franklin Ohlinger, 1845-1919)를 영입하여 한국에 문서 선교의 새로운 장을 열게 된다(윤춘병, 2003, p.24). 아펜젤러와 올링거는 한국인을 위한 성경, 찬송가, 교리서, 교과서 등을 출판하는 일에 주력했고 나아가 한국에 거주하는 선교사들, 서양인들과 본국에서 한국에 관심 있는 독자들을 대상으로 영문 출판물을 간행하기도 했다. 아래 〈표 3〉은 내한 선교사들이 발행한 주요 정기 간행물을 정리한 것이다.[9)]

9) 이외에도 내한 선교사들의 글이 게재되었던 주요 정기간행물로는 Missionary Review of the World, The Korea Magazine, The Gospel in All Lands, Heathen Woman's Friend, Women's Missionary Friend 등이 있다.

〈표 3〉 초기 내한 선교사들의 주요 정기간행물

제목	발행형식	편집인/발행인	발행	종간	교단
교회	비정기	H.G. Appenzeller	1889	1897	감리
→죠선크리스도인회보	주간		1897	1897	감리
→대한그리스도인회보	주간		1897	1905	감리
Korean Repository	월간	F. Ohlinger (창간시)	1892	1899	감리
그리스도신문 (The Christian News)	주간	H.G. Underwood	1897	1907	장로
신학월보	월간	G.H. Jones	1900	1910	감리
Korea Review	월간	H.B. Hulbert	1901	1906	감리
Korea Field	비정기	C.C. Vinton	1901	1905	장로
Korea Methodist	주간	G.H. Jones	1904	1905	감리
Korea Mission Field	월간	L. Underwood (창간시)	1905	1941	통합

(안종묵, 2004, p.12)

위의 간행물 중 '코리아 필드(Korea Field)', '코리아 메소디스트(The Korea Methodist)', '코리아 미션필드(Korea Mission Field)'는 선교사들의 선교사업에 관한 간행물이고, '코리안 리파지토리'(Korean Repository)와 '코리아 리뷰(The Korea Review)'는 한국에 관한 연구 간행물이다. 'Korean Repository'는 총 60호가 월간으로 간행되었는데 한국에서 편집되고 인쇄된 첫 영문 잡지이다. 내용은 한국의 언어, 역사, 문화 등으로 광범위하다. 그 당시 세계에 한국을 알리는 통로였기에 특별한 역할을 했던 간행물이며 필진으로는 선교사들과 한국에 머물렀던 서양인들이다. 'Korea Review'는 'Korean Repository'가 폐간되고 호머 헐버트(Homer Hulbert, 1863-1949)가 총 72호를 매월 발간한 잡지인데 'Korean Repository'와 비슷한 성격의 월간 잡지이다. 그러나 달라진 정치적 상황으로 인해 러시아 세력, 황태자의 최후 등과 같은 기사가 실렸고, 조선의 불교 재흥, 우리나라에서의 조상숭배와 같은 문화적 기사도 있었다. 1904년 러일전쟁 후 일본의 침략 정책을 강도 높게 비판하다가 폐간되었다(한철호, 2010, p.14).[10)]

'Korea Mission Field'는 개신교의 한국 선교를 연구하는데 가장 널리 사용되고 있는 자료 중에 하나다. 이는 장로교의 'Korea Field'와 감리교의 'Korea Methodist'라는 두 잡지를 통합한 것으로 1905년에서 1941년까지 36년이라는 긴 기간 동안 출간되었다. 또한 한국에 있던 여러 교파의 선교사들이 "수필, 비평, 문학, 기행, 보고, 소개, 알림 등의 장르와 주제"(송현숙 외, 2015, p.375)의 글을 기고하며 연합으로 참여했기 때문에 'Korea Mission Field'는 초기 한국 개신교 교회 역사를 가장 상세하고 조직적으로 살펴볼 수 있는 자료라는 평을 받는다(이덕주, 1986, pp.23-25). 비록 'Korea Mission Field'의 주요 독자층은 한국에서 활동하던 선교사들과 외국인들이었지만, 본국에 있는 선교 후원자들에게 한국 선교의 상황과 알리는 역할도 담당하였고, 연간 발행부가 연평균 12,000이 넘기도 했다.[11)]

선교사들이 발행한 한글 정기간행물은 '교회'라는 신문이었다. 이는 감리교의 아펜젤러가 1889년 5월에 발행하기 시작하였는데, 이는 1897년 2월에 창간된 '죠선크리스도인회' 그리고 1897년 12월에 창간된 '대한그리스도인회보'의 전신이다(안종묵, 2004, p.15). '대한그리스도인회보'의 경우 1900년도에 전국적으로 810여부가 배포되었다(이만열, 1985,

10) 일본이 문제 삼은 잡지 기사는 "Japanese Industrial Projects in Korea-Editorial Comment(July, 1904)와 Editorial Comment(Aug. 1904), pp.360-362이다. 안종묵(2004, p.15)은 '코리아 리뷰'가 1906년에 폐간된 배경에 관하여 미국정부의 압력에 의한 것이라는 의견을 밝혔다. 미국정부가 자국민인 헐버트선교사가 일본과 마찰을 일으키는 것이 바람직하지 않다고 생각했기 때문이라는 것이다.

11) 한국민족문화대백과사전. '코리아미션필드.' 〈http://encykorea.aks.ac.kr/Contents/SearchNavi?keyword=코리아%20미션%20필드&ridx=0&tot=50〉(검색일: 2020.6.8.)

pp.445-446). 장로교측은 감리교보다 한참 뒤인 1897년 4월에 '그리스도 신문'을 언더우드가 편집인이 되어 발행하기 시작했다. 요약하면, 초기 내한 선교사들이 출판한 정기간행물은 (1) '코리안 리파지토리'와 같은 내한 선교사들이 외국에 한국 역사, 언어, 문화 등을 알리는 기록물, (2) '코리아미션필드'처럼 내한 선교사들이 자신들과 본국에 선교 후원자들을 위해 만든 것들, (3) '대한그리스도인 회보'처럼 한국인들을 위해 한글로 발행한 종류로 분류할 수 있다.

한편 선교사들의 편지는 미출간 자료에 속한다. 미출간 자료란 메뉴스크립트(manuscripts) 즉, 손으로 썼거나 타자기로 작성된 기록물로 유일본인 경우가 대부분이다. 이유진, 윤은하(2017, p.6)는 선교사 자료와 관련하여 미출간 기록물을 다음과 같이 4종류로 분류하였다. (1) 선교사의 일생에 관한 각종 기록, (2) 선교사가 작성한 각종 서신, 일기, 보고서, 저서 등, (3) 선교사가 한국에서 활동한 사진 및 박물류, (4) 선교사 파송 기관이 선교사에게 보낸 서신 및 각종 서류이다. 또 다른 선교사 자료의 분류법은 예일대학교 신학도서관(Yale University, Divinity School Library)이 역시 4종류로 나누었다.[12] (1) 선교사의 개인편지, 일기, 저술, 기념품, (2) 선교사가 소속된 선교 기관과 관련된 편지, 보고서와 재정 정보, (3) 소속기관에서 배포하는 정기 간행물 및 보고서 (4) 선교사들이 쓴 서술과 회고록이다(〈표 4〉 참조). 분류 방법론상, 전자와 후자 사이에 나타나는 두드러진 차이점은 후자는 선교사의 '개인적 자료'와 '공식적 자료'를 분명하게 분리한 것에 비해 전자는 같은 범주로 통합하고 있다. 따라서 미출간물인 선교사의 편지는 후자의 분류법을 따르는 것이 합리적으로 보인다.

12) Yale Divinity Library: Types of Missionary Records. 〈https://web.library.yale.edu/divinity/special-collections/china-collections〉(검색일: 2020.5.5.)

〈표 4〉 선교사 미출간자료 종류 분류

	이유진, 윤은하 (2017)	Yale University Divinity School "Types of Missionary Records"
1	선교사의 일생에 관한 각종 기록	선교사의 개인 편지, 일기, 저술, 기념품
2	선교사가 작성한 서신, 일기, 보고서, 저서 등	선교사가 소속된 선교 기관과 관련된 편지, 보고서와 재정 정보
3	선교사가 한국에서 활동한 사진, 박물류	소속 기관에서 배포하는 정기간행물 및 보고서
4	선교사 파송 기관이 선교사에게 보낸 서신 및 각종 서류	선교사들이 쓴 서술과 회고록

3) 내한 선교사들의 소통 수단으로서 편지

선교사들은 고향을 떠나 새로운 나라에 정착해 사는 이주민들로 업무상 떠나온 고국의 고향 사람들과 긴밀하게 연락을 해야 했다. 19세기 말부터 20세기 중반까지 선교사들이 주로 사용했던 소통의 수단은 편지였다. 이들의 편지는 주로 그들을 파송한 고국에 있는 교단 해외 선교부 관계자 및 재정 후원자들에게 선교 상황을 알리기 위한 보고 수단이었으나 한편으로는 부모, 친지, 친구들에게 사적인 일상의 삶을 알리는 위한 것이기도 했다. 이러한 내한 선교사들의 편지는 대부분 한국에서 본국으로 보내졌으나 한국 안에서 혹은 일본과 중국 같은 장소로 보내지기도 했다.

그 당시 편지가 송달되는 방법으로는 개인 간의 인편인 경우도 있었을 것이나, 내한 선교사들이 많이 사용했던 수단은 우편이었던 것으로 보인다. 한국에서 근대적인 우편 활동은 개화와 함께 1884년에 최초로 우정국(郵政司)이 설립되면서 시작되었다. 그러나 그해에 갑신정변으로 우정국이 폐지되었다가 1895년에 농상공부 통신부로 다시 재개되어 한성우

체사와 인천우체사를 시작으로 여러 지역에 우체사가 설치되었다. 또한 1900년에는 만국우편연합(Universal Postal Union)에 정식 가입하여 외국 우편이 시작하게 되었다.[13] 특히 1900년 우정사업의 관할청인 통신원에는 '번역과'라는 부서가, 1902년에는 '통역과'라는 부서가 따로 있었던 것으로 보아(체신부, 1985, p.120) 외국과의 통신이 많았음을 알 수 있으며 내한 선교사들은 1900년 이후 우편통신제도를 활발히 사용했던 것으로 추측할 수 있다.

미국의 경우 우편은 19세기 중반부터 보편화되었다. 우체국법(Post Office Act of 1845)으로 인해 우편 값이 크게 낮아지고, 이후 캘리포니아 골드러시로 인해 서부로 이주하는 인구가 급증하면서 미국 우편 제도가 발전했다(Henkin, 2007, p.22). 따라서 19세기 말, 20세기 초반에 입국한 선교사들은 우편으로 편지 보내는 것이 이미 생활화가 되었다고 할 수 있다.

이렇게 우편으로 보내진 내한 선교사들의 편지의 발신지와 수신지는 한국 또는 국외이다. 〈그림 2〉는 내한 선교사가 작성한 편지의 수신지와 발신지의 조합을 크게 3개로 나눈 것이다. 첫째, 내한 선교사들이 한국에서 본국으로 보낸 편지, 둘째, 내한 선교사들이 한국에서 한국으로 동료, 공사관 담당자, 혹은 한국인 등에게 보낸 편지, 셋째, 내한 선교사들이 휴가, 안식년이나 은퇴 등의 이유로 본국으로 돌아가서 쓰거나 다른 나라에서 쓴 편지들로 나눌 수 있다.

---

13) 한국민족문화대백과사전. 우편(郵便)
〈http://encykorea.aks.ac.kr/Contents/SearchNavi?keyword=우편&ridx=1&tot=27〉(검색일: 2020.6.5)

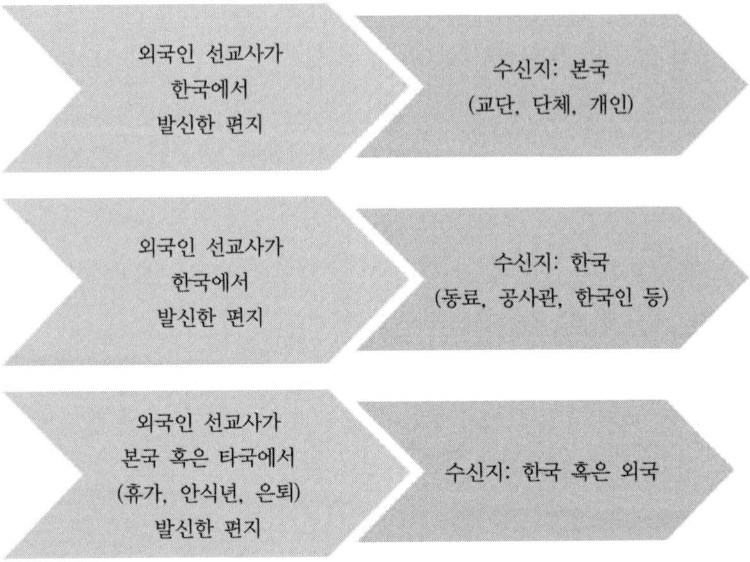

〈그림 2〉 내한 선교사 편지의 발신지와 수신지의 다양성

한편 선교사들의 편지는 선교사들이 일방적으로 수신자에게 보낸 것은 아니다. 편지는 특징상 쌍방으로 통행하는 의사소통의 도구이기 때문에 대부분의 내한 선교사들은 그들이 보낸 편지 수만큼 그들도 상대방에게 받은 답신이 있었을 것이다. 그렇지만 내한 선교사들이 보내고 받은 편지가 동일한 보존 기록관에 소장되는 경우는 교단 기록관의 경우를 제외하고는 드물다. 교단의 경우, 해외선교부가 주요 행정 기록으로 교단이 한국에 파송한 선교사들에게 보낸 편지의 복사본이 보존되어 있는 경우도 있다. 그러나 선교사들이 수신인으로 받은 편지의 경우 이를 본국으로 귀국할 때 짐 속에 가져간 후에 후손 등이 보관하거나, 기록관에 기증한 경우가 아니고는 내한 선교사가 한국에서 활동할 때 받았던 편지는 거의 소멸되었다고 할 수 있다.

4. 북미 보존 기록관 소장 내한 선교사 편지의 현황

1) 내한 선교사 편지 컬렉션의 연구 조사 과정

본 연구가 대상으로 하는 내한 선교사 편지는 알렌이 개신교 선교사로는 처음 한국에 도착한 1884년부터 일제가 미국 및 외국인 선교사를 강제 추방한 1942년까지로 한정하였다. 대부분의 선교사 편지들은 '아카이브그리드(ArchiveGrid, http://beta.worldcat.org/archivegrid)'를 활용하여 파악된 자료인데, '아카이브그리드'는 미국 온라인 컴퓨터 도서관 센터인 OCLC(Online Computer Library Center)에서 제공하는 종합 목록 데이터베이스이다. 이는 현재 전 세계에서 천 개가 넘는 기관이 소장하는 약 5백만 개의 보존 자료에 관련된 서지정보를 웹상에 검색이 가능한 방대한 규모의 목록이다. 이 데이터베이스는 베타 버전으로 서비스되고 있으며, 일반적인 도서관 온라인 목록에서 제공하는 상세 검색 기능은 제공하지 않고 있다.

본 연구 내한 선교사 편지 검색을 위하여 'Korea'와 'Mission' 두 단어가 모두 포함된 문서를 검색하도록 'Korea AND Mission'으로 조건을 설정하였고, 이를 불리언 검색으로 수행하였다. 이 결과 860개의 서지 레코드가 검색되었고, 검색된 레코드 중에서 본 연구가 한정한 범위인 1884년부터 1942년까지 내한하여 활동한 선교사들의 컬렉션만을 추려내었다.[14)]

본 연구가 내한 선교사 편지를 연구할 때 기본 단위로 삼은 것은 낱개의 편지가 아니라 편지의 묶음인 '컬렉션'이다. 여기서 컬렉션(collection)은 "어떤 기록관이 소장하고 있는 기록이나 자료 전체"로서, "동일 출처를 갖는 생산자의 업무 활동을 반영한 질서를 갖춘 기록 집합체"이거나

14) 1884년에서 1942년까지 활동한 내한 선교사들의 리스트는 김승태·박혜진(1996)의 "내한 선교사 총람"을 참고하였다.

"다양한 출처로부터 수집한 인위적인 집합물"을 "모두 포함하는 개념"을 의미한다(한국기록학회, 2008, pp.256-257). 컬렉션과 비슷한 개념을 표현하는 단어로는 "퐁(fonds), 메뉴스크립트 컬렉션(manuscript collection), 메뉴스크립트 그룹(manuscript group), 민간문서(personal papers), 레코드 그룹(reccord group)" 등이 있는데(Pearce-Mose, 2005, p.76), 본 연구에서는 포괄적인 의미로 '컬렉션'을 사용하기로 한다.

이렇게 선정된 컬렉션에 한하여, 먼저 그 컬렉션이 있는 기관의 웹사이트를 찾아가서 그 기관들에 대하여 파악하고 그 기관이 검색도구(Finding aids)를 제공하는 경우, 이를 통하여 컬렉션의 실제 내용을 조사하였다. 검색도구란 기록물에 대하여 기술(記述)하고 있는 접근 도구로서, 잘 구비된 검색도구의 경우에는 기록물의 목록은 물론 기록물의 생산자에 관련된 포괄적 정보까지도 포함하고 있는 예가 있다(한국기록학회, 2008, p.19). 극소수의 경우, 검색도구가 상세하게 편지의 내용에 관한 정보를 포함하고 있어 본 연구를 위해서 더 이상의 확인이 필요하지 않은 예도 있었으나, 다수의 보존 기록관은 검색도구를 갖추고 있지 않았거나 갖추고 있어도 미흡한 수준이었다. 또한 검색도구가 실제로 잘 구비된 곳이라도 이를 온라인으로는 제공하지 않는 경우도 적지 않았다.

검색도구의 이용이 용이하지 않는 경우, 또 중요한 컬렉션을 소장하는 기관의 경우에는 정확한 자료 수집을 위하여 직접 방문하여 해당 자료를 조사하고 실물을 확인하였다.[15] 방문 중 조사한 내용은 편지의

15) 본 연구를 위해 직접 방문한 14개의 기록 기관, 그 기관들의 위치와 방문 날짜는 다음과 같다. Drexel University, College of Medicine, Philadelphia, PA 2016/07/14; Kentucky Historical Society, Frankfort, KY 2014/04/22-24; New York Historical Society, New York, NY 2017/04/13; New York Public Library, New York, NY 2016/06/30; Nova Scotia Archives, Halifax, NS 2016/07/21-23; Presbyterian Historical Society, Philadelphia, PA 2017/04/07; Princeton Theological Seminary, Princeton, NJ 2016/07/08, Rockefeller Archives Center, Sleepy Hallow, NY 2015/10/08; Rutgers

저자, 날짜, 숫자, 상태, 수신인, 내용 등이었다. 방문했던 모든 보존 기록관은 사진 촬영이 허락했으나 개인 연구나 학교 수업 등을 위해서만 이미지를 사용하겠다는 확인서를 작성하게 하는 경우가 대부분이었다. 방문이 여의치 못한 기록관의 경우 해당 기관의 아키비스트들과 이메일로 연락하여 편지의 사본을 구입하거나 편지의 성격을 확인하였다.[16] 아키비스트들과의 연락하는 과정에서, 아키비스트들이 먼저 저자가 미처 알지 못했던 소장 자료를 알려주는 경우도 있었다.[17] 한

University, New Brunswick, NJ 2016/04/11; Union Theological Seminary, New York, NY 2016/07/01; United Church of Canada Archives, Toronto, ON 2016/07/11; United Methodist Archives and History, Madison, NJ 2016/07/13; University of Oregon, Eugene, OR 2017/03/21; Yale University, New Haven, CT 2017/04/12. 이 중 Princeton, Rutgers와 United Methodist Archives and History를 제외하고는 모두 방문 예약제를 시행하고 있었고 열람한 자료를 방문 전 미리 신청해야 했다. Stanford University는 본 연구자를 대신하여 대리 연구자가 2017년 11월 13일 도서관을 방문하여 편지의 이미지를 카메라에 담아 사본을 수집했다.

16) 본 연구를 위해 이메일로 연락하여 내한 선교사 편지의 사본을 수집하거나 본 논문 주제에 맞는 편지의 소장 여부를 확인한 33개 기록 기관은 다음과 같다. American Museum of Historical Society, Colorado College, Columbia Theological Seminary, Cornell University, Dartmouth College, East Carolina University, Emory University (Pitts), Harvard University (Schlesinger), Haverford College, Indiana University at Bloomington, James Madison University, Library of Congress, Maritime Conference (UCC), Mississippi Department of Archives and History, Ohio Historical Center, Ohio Wesleyan University, Onondaga Historical Society, Rutherford Hayes Presidential Library and Museum, State Historical Society of Missouri, UC Berkeley, University of Hawaii, University of Illinois at Urbana-Champaign, University of Louisville, University of South Carolina, University of the Pacific, University of Toledo, University of Virginia, Vermont Historical Society, West Virginia and Regional History Center, Westminster Theological Seminary, Wheaton College, Wisconsin Historical Society, Witchita State University. 방문이나 이메일 연락이 필요하지 않은 경우도 있었는데 그 이유는 온라인으로 원문이 모두 제공되어 있거나 온라인 검색도구의 내용이 상당히 자세해서 본 연구에 필요한 정보를 위해 따로 연락할 필요가 없었다. Harvard University(Yenching Library), Library of Congress, University of Southern California등이 그런 경우였다.

17) University of Louisville에 소장된 애비슨(Avison)의 편지는 참고질의 과정에서 아키비스트가 알려준 사례이다. 또한 Southern Methodist University도서관에서는 개성

편 아카이브그리드에 입력이 되어있지 않은 기록물이 있을 수 있고 규모가 작은 기관의 경우 아카이브그리드에 참여하지 않고 있어 한국 선교와 교회사 관련 단행본과 학술논문 등을 통한 문헌조사를 병행하여 가능한 대로 목록에서 누락되는 컬렉션이 발생하지 않도록 하였다.

2) 편지 컬렉션 목록

앞서 언급한 방법대로, 아카이브그리드 검색, 홈페이지를 통한 확인 작업, 직접 기록관 방문, 문헌 조사 그리고 아키비스트들과 이메일 연락 결과 북미 지역 62개 기관에 소장된 136개의 관련 기록물 컬렉션이 있음을 확인하였는데, 그 간략한 내용은 〈표 5〉와 같다.[18]

〈표 5〉 북미 지역 기관에 소장된 내한 선교사 편지 현황

	소장기관	컬렉션 이름	편지 저자 (활동 기관이나 지역)	작성 시기	편지 수
1	American Museum of Natural History 미국자연사박물관	Accession Records, Division of Anthropology	Vinton/제중원 Hulbert/육영공원	1901-	11
2	Colorado College 콜로라도대	Archer Hulbert Papers	Hulbert/육영공원	1900-	178
3	Columbia Theo. Seminary 콜롬비아신학교	Leroy Newland Papers	Newland/광주선교부	1911-	35
4	Cornell University 코넬대	Women's Medical Society of NY State	Hall/보구여관, 평양광혜여원	1911-	10

송도고등학교와 협성신학교 교장을 역임했던 남감리교 선교사 와슨(Wasson)의 문서에 대해 알려주었다. Alfred Washington Wasson Papers는 본 논문의 연구 대상으로 확인이 되지 않은 상황이어서 리스트에 포함시키지 않았다.

18) 상세한 내용은 부록을 참조

5	Dalhousie University 댈하우지대	Florence Jesse Murray Fonds	Murray/함흥제혜병원, Fraser/용정중앙교회, Burbidge/원산선교부 등	1920-	[300]
6	Dartmouth College 다트머스대	Homer Hulbert Papers	Hulbert/육영공원	1929-	10
7	Drexel University Medical College 드렉셀의대	American Women's Hospital Records	Hall/보구여관, 평양광혜여원	1928	[9]
8	East Carolina University 동캐롤라이나대	Rev. John Wooten Family Papers	Wooten/서울, 원산	1918	3
9	Emory University 에모리대	James O. J. Taylor Papers	Taylor/춘천선교부	1918-1922	21
		Sadie Moore Papers	Wilson/광주기독병원	1928	1*
		Warren A. Candler Papers	Boaz/서울, 송도	1926-1935	5
10	Harvard University 하버드대	Blanche Stevens Letters	Stevens/선천보성여학교	1926-	23
		Papers of Mary Matteson Wilbur	Wilbur/서울YMCA	1931-	[500]
		W. Rockhill Papers	Allen/제중원	1891-	36
11	Haverford College 하버포드대	Hartshorne Family Papers	Wells/기홀병원, 평양연합기독병원	1896	1
12	Indiana University 인디애나대	Wilkie Mss.	Hall/보구여관, 광혜여원	1942	1
13	James Madison University 제임스메디슨대	Dudley-Rexrode Family Papers	Brand/광주기독병원	1935	[4]
14	Kentucky Historical Society 켄터키역사학회	Alexander Family Papers	Alexander/군산진료소, Bell/광주선교부, Bull/군산선교부, Daniel/군산구암병원, Drew/군산진료소,	1902-1929	[500]

			Forsythe/전주, 목포진료소 Junkin/전주선교부, Nolan/목포진료소 등		
15	Library and Archives of Canada 캐나다국립도서기록청	National Council of YMCA of Canada	Avison, G/광주YMCA, Barnhardt/서울YMCA, Bunce/함흥YMCA, Wilbur/서울YMCA	1930-1934	30
16	Library of Congress 미 국회도서관	J. Wilson Papers	Allen/제중원	1900-	13
		W, Marshall Papers	Allen/제중원	1904	18
17	Maritime Conference Archives 해양노회기록관	William MacKenzie Letters	MacKenzie/소래 McCully/마르타 윌슨여학교	1894-	5
18	MS Archives 미시시피주립기록관	Buie Family Papers	Buie/배화여학교 원산루씨여학교,	1909-	28
19	National Archives & Records Admin 미 국립문서 기록관리청	Despatches from Diplomatic Officers	선교사들	188_-	[100]
		Records of Foreign Posts of DOS	Appenzeller/배재학당, Bunker/육영공원, Doty/정신여학교, Moffett/평양신학교 등	188_-	[100]
20	New Brunswick Seminary 뉴브런즈윅신학교	Underwood Papers	Underwood, HG/ 연희전문학교, 새문안교회	1887-	20
21	NY Historical Society 뉴욕역사학회	George Alexander Papers	Lambuth/태화여자관, 남감리교 감독 Irvin/전킨기념병원	1892-	6
22	New York Public Library 뉴욕공공도서관	Century Co. records	Allen/제중원	1901	1
		E. Anderson records	Allen/제중원	1915	1
		E. Frazar Papers	Allen/제중원	1886-	2
		G. Foulk Papers	Allen/제중원		[1]
		Horace Allen Papers	Allen/제중원	1886-	[100]

23	Nova Scotia Archives 노바스코샤기록관	Helen Fraser MacRae Fonds	Grierson/성진제동병원, MacRae/함흥영생남학교 Robb/평양신학교, MacMillian & Murray/ 함흥제혜병원, Scott/용정은진중학교 등	1887–1940	[700]
24	Ohio History Ctr. 오하이오역사센터	Mary W. Harris Papers	Follwell/평양여자성경	1894	2
25	Ohio Wesleyan University 오하이오웨슬리언대	Noble Family Papers	McMillan/함흥제혜병원	1919	1
26	Onondaga History Center 오논다가역사센터	Dora Abbott Papers	Haynes/숭실, 평양여자성경	1913	1
27	Presbyterian Historical Society 장로역사학회	Adam Family Papers	Adams/대구제중원	1937–1941	4*
		Annie Baird Papers	Baird/숭의여학교	1890–1916	87
		Baird Family Papers	Baird/숭실대학교	1940–	2
		Eugene and Lottie Bell Papers	Bell/광주수피아여고	1878–1901	19
		Fish Family Papers	Moffett/평양신학교	1935–	[5]
		Francis Kinsler Correspondence	Kinsler/평양숭실대학교	1938	2
		G. & D. Baird Correspondence	Baird, G/강계성경학교	1922–1935	[30]
		John Fairman Preston Papers	Preston/순천매산학교 Reynolds/평양신학교, Swinehart/건축선교	1903–1949	[200]
		John Samuel Nisbet Papers	Nisbet/전주신흥학교, 목포영흥학교	1907–1946	[50]
		Papers, Clark, Charles	Clark/승동교회, 평양신학교	1917–1925	[2]

27	Presbyterian Historical Society 장로역사학회	Papers, Dupuy, Lavalette	Dupuy/순천매산학교, 군산멜볼딘여학교	1921–1940	[2]
		Papers, Forsythe, Wylie	Forsythe/전주병원, 목포프렌치병원	1891–	[1]
		Papers, Graham, Ellen	Graham/광주수피아 여학교	1907–1930	[30]
		Papers, Greene, Willie	Greene 군산, 전주선교부	1907–	[10]
		Papers, Knox, Maie Borden	Knox/광주수피아여학교, 이일학교	1924–1942	[10]
		Papers, Pieters Family	Pieters/성서번역 서울, 재령선교부	1923–1941	[20]
		Papers, Rankin, Cornelia	Rankin/전주기전여학교	1907–1911	[20]
		Papers, Sidebotham Richard & Effie	Sidebotham/ 대구, 부산선교부	1899–1908	[2]
		Papers, Tate, Martha Ingold	Tate/전주진료소	1897–1900	[5]
		Reynolds and Grove Family Papers	Reynolds/평양신학교, 전주교회	1887–1936	[100]
		Sarah Daniel Papers	Daniel/군산구암병원	1904–1935	[200]
		Smith Family Papers	Smith/대구동산병원	1911–1946	[20]
		William Baird Papers	Baird/평양숭실대학	1887–1905	159
		Missionary Correspondence Department Letters[19)]	남장로교 선교사	1926–	[1000]

19) 변경되기 전 이름: Presbyterian Church(USA). Worldwide Ministries Division. Stewardship and Communication Development Unit. (RT 927 95I/95J)

27	Presbyterian Historical Society 장로역사학회	Presbyterian Church in the U.S. Board of World Mission. Educational Dept.	Cumming/목포영흥학교, 광주수피아학교	1930-	[20]
		Presbyterian Church in the U.S. Board of World Mission Office of the Executive Secretary records	남장로교 선교사	1912-1945	[500]
		Presbyterian Church in the U.S.A. Board of Foreign Missions Correspondence and Reports [microfilms]	북장로교 선교사	1884-	[1000]
		United Presbyterian Church USA. COEMR. Secretaries Files	북장로교 선교사	1903-	5735
28	Princeton Theological Seminary 프린스턴신학교	Harry Rhodes Manuscript Coll.	Rhodes/연희전문학교	1898-1903	2
		Moffett Korea Collection	Heron/제중원 Moffett/평양신학교 등	1890-1940	[500]
		Belle Luckett Collection	Luckett/평양외국인학교	1913-1916	22
29	Rockefeller Archive Center 록펠러아카이브센터	China Med. Board	평양제중병원	1917-	1
		Davidson Fund, Inc.	평양연합기독병원	1923-	1
		Rockefeller Foundation Intl	Avison/세브란스의전	1925	1
30	Rutgers University 럿거스대	William E. Griffis Collection	Anderson/동대문부인, Appenzeller, A./이화, Appenzeller, H./배재, Bernheisel/평양숭실, Frey/이화 등	1888-1942	185
31	Hayes Presidential Library 헤이스대통령도서관	Rev. Franklin Ohlinger Papers	Ohlinger/배재학당, 삼문출판사	1887-1929	16

32	Smithsonian 스미스소니언	Charles Freer Papers	Allen/제중원	1907-	[5]
33	Stanford University 스탠퍼드대	Alice Butts Letters	Butts/평양여자성경학교	1911-	18
34	State Historical Society of MO 미주리역사학회	Scarlett-Royster-Swinney Family Paper	Swinney/원산선교부	1939-	4
35	Three Village Historical Society 쓰리빌리지역사학회	Strong Family Papers	Erdman/평양선교부	1927	1*
36	Union Theological Seminary(NY) (Columbia University) 유니언신학교, 뉴욕	George H. Jones Papers	Jones/배재, Cable/배재	1913~	9
		Henry Appenzeller Papers	Appenzeller/배재	1884~	[4]
		John Franklin Goucher Papers	Appenzellr, A/이화 등	1895~	[4]
		John Mott papers	Hulbert/육영공원, Brockman/서울YMCA	1919	[4]
		Korean Conspiracy Case	Gillett/서울YMCA, Underwood/연희, Moffet/평양신학교	1911~	[5]
		Korea General Papers 1904-1964	Boggs/전주예수병원, Bull/군산선교부, Wilson/광주병원	1939-1940	[10]
37	United Church of Canada Archives 캐나다연합교회 보존기록관	Burbidge Family Fonds	Burbidge/원산, 회령선교부	1925-	[20]
		Donald MacDonald Fonds	MacDonald/회령, 원산, 함흥선교부	1929-1938	86
		F. C. Stephenson Family Fonds	캐나다 선교사	1930-1938	[10]*
		H. T. Owens Fonds	Owens/세브란스, Kerr/재령선교부	1918-1931	[10]

37	United Church of Canada Archives 캐나다연합교회 보존기록관	MacRae Family Fonds	MacRae/함흥영생학교, 함흥중앙교회	1900–1910	30
		Presbyterian Church in Canada Board of Foreign Missions Fonds	Avison/세브란스, Foote/원산선교부, Grierson/성진제동병원, Hardie/송도남성병원, Martin/용정제창병원 등	1895–1925	1010
		United Church of Canada Board of Overseas Missions Fonds	캐나다 선교사들	1924–1945	[500]
		UCC Women's Missionary Soc. Fonds	Armstrong/용정제창병원, Barker/용정중앙교회, Rogers/원산마르다윌슨 학교 등	1925–	[500]
38	United Methodist Archives and History Center 연합감리교 아카이브 역사센터	Administrative Files Series of Board of Mission of Methodist Church	감리교 선교사들	1912–1942	[800]
		Arthur Linn Becker Papers	Becker/숭실대학교, 연희전문학교	1909	[100]
		Charles August Sauer Papers	Sauer/평북영변선교부	1902–1942	3
		Esther & Jeannette Hulbert Papers	Appenzeller, A./이화	1939	1*
		Herbert Welch Papers	Welch/감리교감독	1916–1928	[100]
		Mission Biographical Reference Files	Campbell/배화여학교, Shields/세브란스병원, Cram/강원도선교부	1880–1940	8
		Missionary Correspondence of Board of Mission of Methodist Episcopal Church	Appenzeller/배제 외 (북)감리교 선교사 등	1885–1912	[500]

38	United Methodist Archives and History Center 연합감리교 아카이브 역사센터	Missionary Files series of Board of Mission of Methodist Church	(북)감리교 선교사	1912-1949	[1000]
		Missionary Files Series of the BM of the MEC, South	(남)감리교 선교사	1897-1940	[1500]
		Papers of Marion Conrow	Morris/이화, Conrow/이화 등	1922-	[200]
39	University of Alabama 알라배마대	Ellasue Wagner Letter	Wagner/개성호수돈 여학교	1931	1*
40	University of CA Berkeley 캘리포니아대버클리	Mary Downing Barnes Papers	Hall, W/평양선교부	1884	1
41	UCLA 캘리포니아대 엘에이	Hei-sop Chin Collection	Hulbert/육영공원	1919	3
42	University of Guelph 겔프대	General Files on Frank Schofield	Schofield/세브란스병원	1936	1
43	University of Hawaii 하와이대	McCune-Becker Collection	McCune/숭실, Becker/숭실, 연희	1905-	[1000]
44	University of Illinois at UC 일리노이대	Riehl-Thompson Family Papers	Thompson, A./ 개성호수돈여학교, 원산루시여학교	1907~	136
45	University of Louisville 루이빌대	President's Office Records	Avison/세브란스병원	1937	1
46	University of Minnesota 미네소타대	Records of YMCA	YMCA 선교사들	1900-	[300]
47	University of N. Carolina 노스캐롤라이나대	Burnett Family Papers	Cowman/서울성서학원 Kilbourne/ 서울성서학원, 활천사	1920-	4
48	University of Oregon 오리건대	Alice Appenzeller Correspondence	Appenzeller, A/이화	1909-	[10]

48	University of Oregon 오리건대	Edna Lawrence Papers	Lawrence/세브란스, 동산병원, Shields/세브란스병원	1905-	[10]
		Grace Terrell Papers	Wilson, E./이화	1934-	[10]
		Roy and Luna Smith Letters	Smith/안동성소, 대구동산병원	1914-	[50]
		Vera Ingerson Papers	Ingerson/선천미동병원	1922-	[20]
49	University of South Carolina 사우스캐롤라이나대	Hallie Covington Papers	Covington/선천선교부, 재령선교부	1917	[100]
		Ayock Family Papers	Covington/선천선교부, 재령선교부	1917-	[20]
50	University of Southern California 남캘리포니아대	Barnhart Papers	Barnhart/YMCA	1913-	18
		Rev. V. W. Peters Collection	Peters/서울중앙전도관, 송도보통고등학교, Stokes/서울	1928-	382
51	University of the Pacific 퍼시픽대	Bolt Family Papers	Ludlow/세브란스병원, Mills/강계계레지병원	1912-	2
52	University of Toledo 톨리도대	Gustav Ohlinger Papers	Allen/제중원	1891-1930	5
53	University of Toronto 토론토대	James S. Gale Papers	Gale/경신	1898-1936	10
		Cartwright & Wood Families Fonds	Cartwright/서울 Sharpe/서울	1903-1909	[20]
54	University of Virginia 버지니아대	Withrow Family Papers	Swineheart/남장로교 건축선교	1919	1
55	Vermont Historical Society 버몬트역사학회	Flora J. Coutts Papers	Coutts/평양외국인학교	1922-1923	12
56	Washington and Lee University 워싱턴앤리대	Alfred Leyburn Papers	Junkin, M/기전여학교	1899	2

57	West Virginia Historical Center 서버지니아역사학회	Harvey Harmer Collection	Boyles/영명, 정의, Hulbert, E./정의, 이화	1939-1940	4
58	Wheaton College 휘튼대	Papers of William Eugene Blackstone	Baird/숭실, 숭의, Best/평양성경, Deming/서울화교교회	1917-	[80]
59	Westminster Theological Seminary 웨스트민스터신학교	Hunt Family Papers	Hunt, W/재령선교부, Hunt, B/청주선교부	1920-	[150]
60	Wisconsin Historical Society 위스콘신역사학회	Anita M. Blaine Correspondence	Baird, A/평양여자성경, Blair/대구, Bruen/대구	1935	8
		Netti McCormick Correspondence	Underwood, HH/연희 Underwood, L./제중원	1923	2
61	Witchita State University 위치타대	Walter Morris Family Papers	Morris/이화	1938	2
62	Yale University 예일대	Arthur James Brown Papers	Allen/제중원	1901	2
		Ellsworth Huntington papers	VanBuskirk/세브란스, Gregg/YMCA, Snyder/송도보통	1920-	3
		Franklin & Bertha Ohlinger Papers	Ohlinger/배재, 삼문출판사 등	1870-	[200]
		Miscellaneous Personal Papers	Found/세브란스병원, Junkin, M/기전, Parker/광주수피아	1908-	[80]
		School of Nursing Records	Rosenberger/동대문부인병원	1930	2
	62	136			

[ ]은 개산(概算)

*는 여러 후원자들에게 보내는 편지. 주로 등사본이고 "Dear Friends"로 시작한다.

3) 컬렉션의 형태적인 특징

(1) 형태적인 특징

본 연구의 대상인 19세기말부터 20세기 중반 사이에 작성된 편지는 연필, 잉크, 혹은 펜 등을 사용하여 손 글씨로 썼거나 타이프라이터로 작성한 것으로 인쇄되지 않은 필사본(manuscript)이자 유일본이다. 그렇기 때문에 보존 기록관들은 영구 보존을 위해 필사본 편지를 보존용 폴더 안에 넣은 후, 그 폴더를 보존용 상자[20] 안에 넣어 온도와 습도를 일정하게 유지하는 보존 서고 공간에 보관하고 있다가 이용자의 요청이 있을 경우 꺼내어 지정된 열람 공간[21]에서 읽을 수 있게 한다. 특히 종이는 산소에 반응하여 누렇게 변질되거나 부서질 수 있어 장기간 보관에 어려움이 있기 때문에, 활용이 많은 기록물 경우에는 원본이 아닌 다른 형태로 일반이 접근할 수 있도록 한다. 20세기에는 종이의 대체 버전으로 마이크로필름이 많이 사용되었지만, 21세기에 들어서면 디지털화가 보편화되기 시작하였다. 아쉽게도 북장로교 교단 공식 기록물 중에는 마이크로필름을 제작한 후 원본을 폐기했던 기간도 있었기 때문에(Gleeson, Heuser & Bynum, 1992, p.44) 원본은 없고 마이크로필름만 남아 있는 경우도 있다. 실제로 현재 미국과 캐나다 주요 개신교 교단의 행정 기록물은 거의 모두 마이크로필름화 되어 있어, 해당 기록관에 직접 방문하여도 원본을 보지 못하고 마이크로필름을 판독기에서 보아야

---

20) 보존 상자(archival boxes)는 "상자 안에 보관된 자료에서 발생하는 산성 기체를 화학적으로 중화할 수 있도록 탄산칼슘의 함량이 3% 이상이고, 리그닌(liganin)을 함유하지 않은 재질의 중성 판지(약알칼리성)로" 만든 박스로 파손으로부터 자료를 보존하게 기록 기관을 위해 특별히 제작된 자료이다(기록학용어사전, 2008, p.125).

21) 북미주 보존 기록관 방문 경우 지정된 열람 공간에 소지할 수 있는 개인품은 연필, 노트북 컴퓨터, 전화기, 카메라 정도이고 다른 개인 소지품은 열람실 밖에 있는 라커에 넣어야 하는 경우가 대부분이었다.

하며, 원본은 볼 수 없는 경우도 있다. 이런 경우에 원하는 기록물을 출력하거나 USB 플래시 드라이브에 저장하는 것은 허락된다.

지난 수년간 북미 지역에 많은 기록관들이 소장하고 있는 편지를 디지털 형태로 변환한 덕분에, 지금은 선명한 고해상도의 화질로 원본을 볼 수 있을 뿐 아니라 세계 어디서나 접근이 가능하게 되었다. 일부 내한 선교사 편지 컬렉션은 전체가 디지털화가 된 경우도 있다. 예를 들어 남감리교 선교사 출신 피터즈(Victor W. Peters, 1902-2012)가 그의 모교인 University of Southern California에 기증한 411개의 종이 형태의 기록은 전체가 디지털화되어 제공되고 있고, 미 국회도서관(Library of Congress)의 Papers of William A. Marshall Papers, 1876-1906의 알렌 편지 경우에도 연구자가 현지 기록관을 직접 방문하지 않고도 자료에 대한 접근이 가능하다. 하지만 아직까지 교단 공식 기록물 일부와 주류 기록관의 "인기 있는" 특정 자료를 제외하면 마이크로필름이나 디지털화 되지 않은 필사본 편지가 다수이다. 반가운 소식은 장로교역사학회(Presbyterian Historical Society)는 2015년부터 시작한 "Pearl Digital Collections"을 통해 사진을 비롯하여 한국 관련 자료를 활발하게 디지털화 하는 중이다. 예를 들어 "United Presbyterian Church USA. COEMR Secretaries Files(RG140)" 문서의 16번째 박스에 있는 1919년에 내한 선교사들이 작성한 독립운동 관련한 편지들(Independence Movement; correspondence; background papers, 1919)은 이미 모든 자료가 디지털화가 되었다.[22] William M. Baird Papers와 Annie Laurie Adams Baird Papers 등 몇 개의 개인 문서들도 상당부분 디지털화가 되어서 세계

22) United Presbyterian Church in the U.S.A. Commission on Ecumenical Mission and Relations Secretaries Files: Korea Mission: Independence Movement; correspondence; background papers, 1919. 〈https://digital.history.pcusa.org/islandora/object/islandora:40481#page/1/mode/1up〉(검색일: 2020.5.5)

어디서나 볼 수 있게 되었다.[23)]

온라인 서비스가 발달됨에 따라 본 연구의 대상인 컬렉션 중 일부는 한국내의 기관을 통해서도 이용이 가능해졌다. 국사편찬위원회는 1988년부터 해외에 흩어진 한국 관련 자료를 사본으로 수집하기 시작하여 전자사료관을 마련하여, 이 기관이 수집한 자료를 일반에게 제공하고 있다. 이 중 내한 선교사 편지가 포함되어 있는 미 국방문서 중 영사관 문서, 미연합감리교아카이브(United Methodist Archives and History Center) 자료인 Missionary Files Methodist Church, 1912-1949, 장로교역사학회(Presbyterian Historical Society) 자료인 Presbyterian Church in the U.S.A. Korea Mission Records, 1903-1957, 캐나다국립도서기록청(Library and Archives Canada)이 소장하는 YMCA Canada Korea 편지 등이 온라인으로 접근이 가능하게 되었다. 또 독립기념관 한국독립운동정보시스템을 통하여서는 헐버트와 그의 부인(May Hulbert)이 1883년부터 1912년까지 미국에 있는 부모, 딸 등에게 쓴 480이 넘는 편지의 원문 이미지와 번역본을 인터넷으로 열람할 수 있게 되어 있다.[24)]

또한 미국 교육 출판 회사인 Gale Cengage에서는 주요 미국 선교사 기록을 선정하여 디지털화한 후 구독 데이터베이스인 Archives Unbound를 통해 온라인으로 이용할 수 있게 제공하고 있는데, 1884-1911년도 북장로교단의 내한 선교사 편지 컬렉션의 경우 2016년부터 온라인으로 구독 정보기관에게 제공하고 있다.[25)]

---

23) Presbyterian Historical Society Blog: Korean Resources at PHS. 〈https://www.history.pcusa.org/blog/2018/02/korea-resources-phs〉(검색일: 2020.5.5)

24) 독립기념관, 한국독립원동정보시스템, 독립운동가 자료, 헐버트. 〈https://search.i815.or.kr〉(검색일: 2020.6.8)

25) Evangelism in Korea: Correspondence of the Board of Foreign Missions, 1884-1911. 〈https://www.gale.com/binaries/content/assets/gale-us-en/primary-sources/archives-unbound/primary-sources_archives-unbound_evangelism-in-korea_c

(2) 보존 기록관 타입

편지 기록물을 연구하는 과정에서 편지가 소장된 기록관의 유형을 살펴보는 것은 자연스러운 접근법이다. 미국아키비스트학회(Society of American Archivists)는 보존 기록관(archives) 종류를 다음의 7개로 구분하였다.[26] (1) 대학 보존 기록관(College and university archives), (2) 기업 보존 기록관(Corporate archives), (3) 정부 보존 기록관(Government archives), (4) 역사학회(Historical societies), (5) 박물관(Museum), (6) 종교 보존 기록관(Religious archives), (7) 특별문고(Special Collections)가 그것이다. 이 분류법에 따르면, 내한 선교사 편지들은 '기업 보존 기록관'를 제외한 나머지 6개의 유형 보존 기록관에 보존되어 있는데, '종교 보존 기록관'에 집중되어 있다.

하지만, Millar(2010, pp.37-44)는 기록관리 기관을 위 같은 종류로 분류하는 것은 기록보존 관행이 다양한 문화와 사회에서 적용하기 부족하다고 보고 새로운 관점에서 기록기관의 성향에 따라 세분할 것을 제안하였다. 그는 각 기록관리기관의 성향과 기관 운영 환경이 어떻게 기록물 수집과 서비스 제공에 영향을 미치는지에 대한 고려가 우선되어야 한다고 주장하며 다음과 같이 구분하였다. (1) 기관부설 보존 기록관(Institutional archives), (2) 복합 보존 기록관(Hybrid archives), (3) 수집형 보존 기록관(Collecting archives), (4) 공동체 기반의 보존 기록관(Community-based archives), (5) 박물관 보존 기록관(Museum archives), (6) 사회운동 관련 기록관(Activist archives)이다. Millar의 구분법에 의하면 내한 선교사 편

---

orrespondence-of-the-board-of-foreign-missions_1884-1911.pdf〉(검색일: 2019.1.7)

26) SAA: Types of Archives 〈http://www2.archivists.org/usingarchives/typesofarchives#.V25ps1dvHUI〉(검색일: 2018.6.18) Society of American Archivists는 1936년에 설립된 북미 지역에서 가장 오래되고 현재 가장 큰 아카이브 전문인들의 기관이다.

지들은 "사회 운동 관련 기록관"을 제외한 나머지 5종류의 보존 기록관에 소장되어 있으며, 앞선 SAA의 분류법과는 달리 한 유형(종교 보존 기록관)에 편중되지 않고 다섯 가지 유형에 골고루 속하게 된다.

4) 새로운 분류의 필요성

본 논문의 대상이 되는 편지들은 낱개가 아니라 컬렉션으로 보존되어 있고, 연구자들은 컬렉션으로 된 편지 묶음에 접근하여 필요한 내용이 들어 있는 편지들을 찾아야 한다. 따라서 내한 선교사 편지의 연구 분석은 보존 기록관 단위가 아니라 컬렉션 단위로 이루어져야 효율적이다. 컬렉션의 내용과 특징은 편지의 수신인에 따라 결정되는 경우가 가장 많다. 내한 선교사들은 특정한 대상에게 편지를 보냈고, 편지의 수신인은 받은 편지에 대한 소유권을 가지고 있었다. 컬렉션의 형성과정은 대개 수신인 혹은 그의 후손이 일정 기간 편지를 보존하고 있다가 보존 기록관으로 옮겨지면서 완성되었다. 기록학의 중요 이론인 출처주의(principle of provenance), 즉 "같은 출처의 기록이나 보존 기록은 다른 출처의 그것과 뒤섞이면 안 된다는 원칙"(한국기록학회, 2008, p.250) 때문에 대부분 경우 수신인이 보유하던 묶음이 보존 기록관으로 옮겨지면서 그대로 묶음(컬렉션)이 된다. 특히 공적 업무활동을 수행하는 과정에서 생성되고 축적된 조직 내 기록물들은 더욱 그러한데, 기록을 구축한 조직이 정한 방식과 순서를 그대로 유지하는 원칙, 즉 원질서(original order)를 존중하는 원칙을 대부분의 보존 기록관이 따르고 있다.

내한 선교사들은 크게 두 종류의 수신인에게 편지를 보냈다. (1) 교단 혹은 단체에게 업무상 보낸 소위 공식적 편지와, (2) 개인에게 보낸 사적인 편지였다. 앞서 제시한 136개의 컬렉션은 이들이 속한 62개의 기록기관이 어떤 유형인가를 살피는 것보다 선교사들이 쓴 편지의 수신인이 누구인가를 파악하는 것이 더 중요하다. 따라서 내한 선교사 편지를 소장하는 기록관의 타입을 분석하는 기존의 방법이 아닌 수신인에 따라 편지의 유형을 구분하는 분류법의 당위성이 제기된다.

5. 편지 컬렉션 유형별 분석

수신인이 한동안 모아 두었던 선교사들의 편지는 보통 처음 모아진 형태로 기록관으로 옮겨지면서 '컬렉션'이 된다. 기록 기관이 컬렉션을 형성하기 위하여 선교사의 편지와 같은 기록물을 취득하는 방법은 크게 이관(transfer)과 기증(donation)이다. 기증은 주로 '수집형 보존 기록관'(collecting archives)이 기록물을 취득하는 방법이며, 이관은 주로 '기관 부설 기록관(institutional archives)'이 기록물을 취득하는 방편이다.

선교사 편지는 작성한 목적 및 보낸 대상에 따라 공적인 것과 사적인 것으로 구분될 수 있다. 전자는 기관이 수신인이다. 그 기관이 편지들을 일정 기간 보관하였다가 '기관 부설 보존기록관'으로 이관하는데 이 때에 컬렉션이 형성된다. 후자는 개인이 수신인이며 사적인 내용이 담겨 있는 편지들로 수신인이 개인적으로 보관하고 있다가 수집형 보존 기록관에 기증하여 컬렉션이 형성된다. 그런데 단체 혹은 기관에 소속 기록관이 없다든지 시간이 지난 후에 더 이상 편지를 수신한 단체나 기관이 존재하지 않게 되는 경우에는 공적으로 작성된 기록물들이라 할지라도 '이관'이 아닌 '기증'을 통하여 '수집형' 기록관의 컬렉션이 되기도 한다. 본 연구의 대상이 되는 136개의 컬렉션은 절대다수가 이관이나 기증을 통해서 형성되었으며, 예외적으로 기록관이 '구입'하여 컬렉션을 형성한 경우도 있다. 스탠퍼드대학교에 소장된 선교사 앨리스 버츠(Alice M. Butts, 1880-1968)의 편지와 예일대학교의 선교사 헤리엇 파커(Harriet Fitch Parker, 1887-1969)의 편지 묶음은 도서관이 구매하여 형성한 컬렉션의 예들이다.

이관에 의해 컬렉션이 형성되는 과정은 비교적 단순해 보인다. 한국에 선교사를 파송했던 개신교단은 선교사들이 업무상 정기적으로 보낸 편지를 교단의 운영과 관리를 위한 행정 기록으로 분류하여 교단 사무실에서 보관하고 있다가 더 이상 업무적인 자료로 가치가 없다고 판단될 때 기관 부속 기록관으로 이관하면서 하나의 컬렉션이 된다. 하지만 기관의 모든 기록물을 부설 기록관으로 이관하지는 않았다. 평가(appraisal) 과정을 통해 정보적·증거적 가치를 지니고 있어 영구적으로 보존할 가치가 있는 기록만 이관시키고 그렇지 못한 것들은 폐기시켰다. 이렇게 형성된 컬렉션 유형에 속한 편지 수가 전체 선교사 편지 중 가장 많다.

반면, 기증에 의해서 이루어진 컬렉션의 형성 과정은 다소 복잡해 보인다. 대표적인 경로는 선교사의 가족이 수신하여서 모아 두었던 편지를 기록기관에 기증하는 것이다. 가족이 기증하는 시점은 다양하여 선교사의 편지를 소장하다가 기증한 사람이 원래의 수취인일 수도 있고, 그의 유족일 수도 있다. 또 보관하던 모든 편지를 단 번에 기증하는 경우가 많았지만, 여러 번으로 나누어 기증하는 예도 있다.

가족이 기증한 컬렉션 중에 특이한 형태가 소위 가족 문서(Family Papers) 컬렉션이다. 수신인의 자료가 개인이 아니라 가계로 엮여진 집단의 문서에 포함된 채로 기증되어 컬렉션이 된 경우다. 이런 컬렉션의 경우에는 한 가문에 속한 여러 인물이 소유하던 자료를 모은 것이어서 규모가 큰 경우도 있다.

선교사들이 가족이나 동료 이외의 여러 사람들에게 다양한 이유에서 보낸 사적인 편지들은 그 소재가 쉽게 파악되지 않는다. 그런데 이렇게 사적인 목적으로 작성되었지만, 가족이나 친구 이외의 대상에게 쓴 편지들도 있는데, 이들 속에는 선교사의 특별한 활동이나 그가 처했던 상황 및 특별한 관심을 다룬 내용이 담겨 있는데, 이는 공식적인 편지에서 볼 수 없는 정보들인 경우가 발견된다. 따라서 이런 유형의 편지 컬렉션에는 특별한 관심을 두어야 한다. 나아가 선교사의 후손 중에서 선대의 선교사 및 그의 동료들이 사적으로 쓴 편지들을 광범위하게 수집하여 커다란 컬렉션을 이루어 보존 기록관에 기증하는 경우도 있다. 이러한 컬렉션도 특별한 관심의 대상이 되어야 한다.

본 연구는 136개의 컬렉션을 편지가 쓰인 목적과 대상에 따라 "단체 수신 유형"과 "개인 수신 유형"으로 양분하고, 전자는 다시 두 유형, 곧 "단체-A형"과 "단체-B형"으로 세분하려 한다. "단체-A"형은 내한 선교사가 자신들을 파송한 교단에 보낸 편지를 교단이 수신하여 보관하다 후에 기록관에 이관함으로 형성된 유형이다. 반면, "단체-B"형은 내한 선교사가 교단 이외의 단체에게 보낸 편지를 단체가 수신하여 보관하다가 후에 보존 기록관으로 이관 혹은 기증함으로 이루어진 유형이다.

한편, "개인 수신 유형"은 셋으로 세분하려 한다. "개인-A" 형은 내한 선교사가 가족 혹은 친구에게 보낸 편지를 가족 혹은 친구가 수신하여 후에 보존 기록관에 기증한 유형이며, "개인-B" 형은 내한 선교사가 가족이나 친구가 아닌 전문인 혹은 후원자에게 보낸 편지를 전문인이나 후원자가 수신하여 후에 보존 기록관에 기증되어 형성된 유형이다. 그리고 "개인-C"은 내한 선교사가 보내어 개인이 수신한 편지를 후에 선교사 후손이 여러 다른 적극적인 방법을 통해 수집한 후 보존 기록관에 기증된 유형이다.

요약하면, 본 연구는 전체 컬렉션의 유형을 수신인에 따라 크게 두 개의 유형으로 구분하고, 각각 2개와 3개고 세분된 총 5개의 유형으로 분석한다. 이 분류법은 인위적인 것이 아니라, 선교사 편지 컬렉션이 형성되는 과정 및 보존 기록관이 이미 묶음이 된 편지들을 여러 루트(route)를 통하여 수집하게 된 예들에서 자연스럽고 발생했던 공통적인 요소에 착안한 것이다. 방대한 선교사 편지 컬렉션 전체를 정당하게 고안된 유형에 따라 분류하는 것은 유익하며 필요한 것으로, 향후 다양한 연구의 토대가 될 것이다. 왜냐하면 같은 유형에 속한 편지들은 일정한 요소를 공유하고 있는데, 이러한 특정한 요소와 큰 맥락에서 비슷한 내용을 다루는 편지들을 함께 파악하는 것은 체계적인 연구를 용이하게 할 것이다. 내한 선교사 편지 컬렉션의 유형을 도표로 제시하면 다음 〈그림 3〉과 같다. 괄호 안의 숫자는 컬렉션의 수이며, "단체 수신 유형"은 총 26개이며 "개인 수신 유형"은 총 110개로 전체는 총 136개이다.

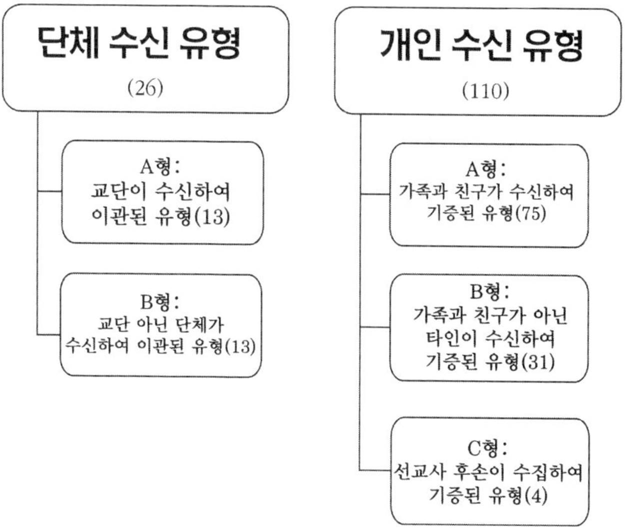

〈그림 3〉 내한 선교사 편지 컬렉션의 유형

1) “단체 수신 유형”

본 연구의 대상인 내한 선교사 편지 중 다수는 선교사가 파송 교단에 보낸 편지로, 교단 부설 보존기록관에 소장되어 있다. 앞의 표에서 보듯 컬렉션의 수는 26개로 110개의 개인 수신 유형보다 적지만 한 컬렉션의 규모가 큰 것이 많아 전체 편지의 수는 “개인 수신 유형”보다 훨씬 많다. 특정 교단이나 단체에 의해서 선교사로 파송이 되면 선교사들은 업무상 예외 없이 파송한 기관에 선교 활동 보고 편지를 써야 했고, 파송 단체는 선교사들이 보낸 편지들을 일정 규칙에 따라 보관하여야만 했다. 이렇게 보관된 편지들은 시간이 지나면서 업무적 가치가 사라져 이 기관에 속하거나 이 기관과 연계되어 있는 전문적 성격을 띤 기록관으로 이관된다. 이런 편지 컬렉션의 대표적인 것이 교단 문서 컬렉션이다. 또한 교단 문서 이외에도 내한 선교사들의 편지가 이관에 의해서 형성된 것이 더 있는데 정부나 비영리 공공 단체가 업무과정에서 수집해 놓은 자료의 컬렉션 안에 내한 선교사 편지가 포함되어 있는 경우다. 이 두 가지 세부 유형을 하나씩 자세히 살펴보기로 한다.

(1) “단체-A” 유형: 교단 문서 컬렉션

첫 번째 세부 유형은 각 교단의 해외 선교부 앞으로 보내온 선교사들의 공식 편지들로 형성된 “단체-A” 형이다. 19세기 말 한국 땅에서 선교가 시작될 때에 한국 선교에 참여했던 북미의 교단은 모두 5개였다. 그렇지만 처음부터 5개 교단이 모두 자신 고유의 부속 기록관을 가지고 있었던 것은 아니다. 각 교단이 교단 문서를 기록 기관의 컬렉션으로 형성하기 시작한 것은 20세기 중반 이후부터라고 할 수 있다(Gleeson, Heuser Jr. Bynum, 1992, p.44). 또한 미국과 캐나다의 여러 교단들은 서로 통합되기도 하고 사정에 의해서 없어지는 복잡한 역사의 과정을 지내면서, 최초의 기록관에 있던 컬렉션들은 여기저기로 옮겨져 보관되다가 현재에 이른 경우도 있다. 결과적으로 현재 교단 문서 컬렉션을 보관하는 대표적인 교단 보존 기록관은 5개가 아니라 3개이다. 앞서 언급한대로 (1) 미국 필라델피아에 소재한 Presbyterian Historical Society[27]와 (2) 미국 뉴저지주 메디슨에 소재한 United Methodist Archives and History Center와 (3) 캐나다 토론토시에 소재한 United Church of Canada Archives이다.[28] (〈표 6〉 참조)

〈표 6〉 내한 선교사들의 교단과 기록 소장 기록관

교단 보존 기록관	교단	교단 영문 이름 (연도)	주소
Presbyterian Historical Society 장로교역사학회	미국 북장로교	Presbyterian Church in the United States of America (1789-1958)	425 Lombard St. Philadelphia, Pennsylvania USA www.history.pcusa.org
	미국 남장로교	Presbyterian Church in the United States (1861-1983)	

27) 또 다른 미국 장로교 보존 기록관은 Presbyterian Church of America 교단의 PCA Historical Center이다. 1973년 남장로교에서 분파하여 설립된 교단인데 보존 기록관은 미주리 세인트루이스에 커버넌트신학교(Covenent Seminary)에 위치하고 있다. 이 기록관에는 선천에서 활동한 북장로교 의료 선교사 William Chisholm(1894-1977)과 남장로교 선교사 Eugene Bell(1868-1925)의 개인 문서가 있으나 본 연구의 범위에 맞지 않아 포함시키지 않았다.

28) Presbyterian Church in Canada교단의 보존 기록관인 Presbyterian Church in the Canada Archives(이하 PCCA)도 토론토에 있다. 이 교단은 1925년에 캐나다의 여러 교단이 통합하여 United Church of Canada(이하 UCC)를 만들 때에 합류하지 않은 교단이다. PCCA에는 한국 관련 선교 자료가 없는데, 그 이유는 1925년 대통합 이후 UCC와 해외 선교지를 놓고 의논한 끝에 한국 지역은 UCC가 맡기로 결정을 했기 때문이다. 대신 PCCA에는 1925년에 시작한 일본에 거주하는 한국인 대상 선교와 관련된 자료는 소장하고 있다(이메일: Bob Anger, 2017년 5월 18일).

United Methodist Archives and History Center 연합감리교아카이브와 역사센터	미국 북감리교	Methodist Episcopal Church (1784-1939)	36 Madison Ave. Madison, New Jersey USA www.gcah.org
	미국 남감리교	Methodist Episcopal Church, South (1833-1939)	
United Church of Canada Archives 캐나다연합교회 아카이브	캐나다 장로교	Presbyterian Church in Canada (1875-1925)	40 Oaks Street Toronto, Ontario Canada www.unitedchurcharchives.ca
	캐나다 연합	United Church of Canada(1925-)	

① Presbyterian Historical Society(장로교역사학회)

장로교역사학회(Presbyterian Historical Society, 이하 PHS)에는 현재 합병으로 인해 더 이상 존재하지 않는 북장로교(Presbyterian Church in the United States of America, 1789-1958)와 남장로교(Presbyterian Church in the United States, 1861-1983)의 관련 기록물이 소장되어 있다. 북장로교와 남장로교는 남북전쟁(1861-1865) 이전에는 같은 교단이었으나 노예 문제 등의 이유로 남장로교가 분파한 후 122년 뒤인 1983년에 Presbyterian Church (USA)로 다시 통합이 되었다. (〈그림 4〉 참조)

두 교단은 통합된 후에도 23년 동안 독립적으로 기록관을 유지하다가, 재정 압박이 심해지자 2006년 연례총회의 결정으로 1927년부터 사용했던 노스캐롤라이나 몬트리트(Montreat, North Carolina) 소재 남장로교 기록관이었던 '역사재단(Historical Foundation)'[29]을 폐쇄하였다.[30] 그 곳에 있던 자료들은 PHS와 조지아 주에 있는 남장로교 계열

29) 남장로교 기록관은 Samuel Mills Tenney목사에 의해서 1926년에 Texarkana, Texas에 설립되었고, 그 다음해인 1927년에 Montreat, North Carolina로 옮겨졌다. 1954년에 기록관, 도서관과 박물관이 새로 지은 빌딩으로 옮겨졌다(Deutrich, 1961, p.392).

30) Presbyterian Heritage Center: "Historical Foundation(1926-2006)". 〈http://www.

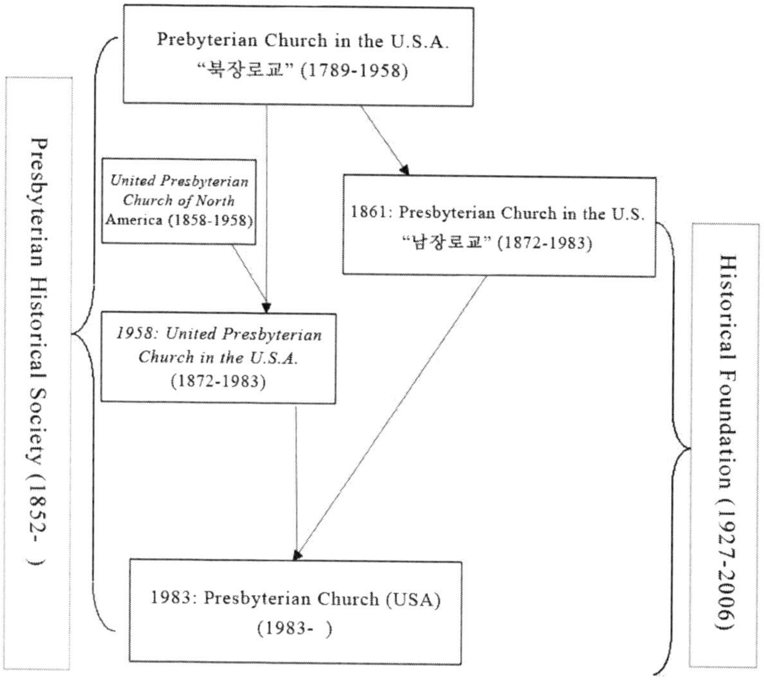

〈그림 4〉 내한 선교사를 파송한 미국 장로교단과 교단 공식 기록관

신학교인 컬럼비아신학대학원(Columbia Theological Seminary)의 도서관 등으로 분산되었다. 대부분의 한국 관련 남장로교 교단 문서와 선교사 문서는 PHS로 이관되었는데, 이 자료들 중 상당 부분은 오랜 기간 PHS목록에 포함되어 있지 않았었고, 직원들만 내부적으로 볼 수

phcmontreat.org/montreat-historicalfoundation.html〉(접속날짜: 2018년 11월 15일) Historical Foundation은 사라졌지만, 총회의 폐쇄 결정을 반대하고 아쉬워하던 후원자들(Friends of the Historical Foundation)을 중심으로 같은 장소에서 "Presbyterian Heritage Center"를 2008년에 비영리기관으로 개관을 하여 학습센터, 박물관 등으로 계속하여 사용하고 있다.

있는 시스템에 의해 관리되었기 때문에[31] 이용자들의 접근이 어려웠다. 그런데 2018년 4월에 새로운 검색도구인 Sheppard[32]가 일반에게 제공되기 시작하면서 이용자들은 새로이 제공된 검색도구로 남장로교 교단 문서 및 소속 선교사들의 개인 문서의 목록 레코드를 검색할 수 있게 되었다. 이 검색도구는 계속해서 향상되는 중이다. 앞서 4장에서 언급한 PHS의 "Pearl Digital Collections"에는 북장로교와 남장로교의 내한 선교에 관한 자료들이 계속해서 업로드되고 있어 앞으로 이용자들은 PHS에 소장된 더 많은 내한 선교에 관련 자료들을 온라인으로 이용할 수 있게 될 전망이다.

PHS에 포함 된 자료 중에 본 연구 대상이 되는 미국 남북 장로교단 소속 내한 선교사들이 작성한 공식 편지들은 주로 다음 4개의 자료에 포함되어 있다.[33] 첫 번째 자료는 'United Presbyterian Church in the USA. Commission on Ecumenical Mission and Relations(COEMR) Secretaries File: Korea Mission, 1903-1972'(RG140)이다.[34] 이는 대표적인 북장로교단 문서 중 하나인데, 1903년부터 1972년에 생산된 한국 선교 관련 기록물들이 포함되어 있다. 이 컬렉션은 부분적으로 'Presbyterian Church in the U.S.A. Korea Mission Records, 1903-1957' 이름으로 31개의 마이크로필름으로 제작되어 국내에서도 이 자료를 접할 수 있다. 이 자료는 북장로교 소속 내한 선교사들이 해외 선교부

31) Lisa Jacobson, Senior Reference Archivist, PHS(2017년 11월 1일 이메일).

32) PHS: Announcing Sheppard, A New Research Tool. 〈https://www.history.pcusa.org/blog/2018/04/announcing-sheppard-new-research-tool〉(검색일: 2020.6.8)

33) 4개 외에도 내한 선교사 편지가 포함된 교단 기록물 컬렉션은 더 있다.

34) United Presbyterian Church in the USA, Commission on Ecumenical Mission and Relations Secretaries' Files: Korean Mission, 1903-1972. (PHS call number: RG140) 〈https://www.history.pcusa.org/collections/research-tools/guides-archival-collections/rg-140〉(검색일: 2018.11.15)

총무에게 쓴 선교 현장 편지와 보고서가 주를 이루고 있다. 특이할 내용은 신사 참배 문제, 독립운동과 관련된 자료 등이다. 마이크로필름 외에도 국내에서는 이 자료를 책[35)]과 국사편찬위원회에서 제공하는 온라인 원문 이미지[36)]로도 이용할 수 있다. PHS도 이 컬렉션을 부분적으로 디지털화 하기 시작했다. 4장에서 언급한 것처럼 선교사들이 쓴 독립운동 관련 편지들은 우선적으로 디지털화가 되었다.[37)]

두 번째 PHS 자료 중 한국 선교 관련 자료는 'Presbyterian Board of Foreign Missions, Correspondence and Reports: Korea(Chosen) 1884-1911이다. 이 컬렉션은 16개의 필름 릴 분량이며, 알렌이 1884년 6월 9일 중국 상해에서 자신의 선교 지역을 한국으로 바꾸어 줄 것을 요청하는 편지에서부터 1911년도까지 17년 기간 동안 해외 선교부가 업무과정에서 작성하고 수취한 편지들과 다양한 선교활동 보고서 등으로 구성되어 있다. 특이할 내용은 알렌, 언더우드 등의 초기 북장로교 선교사들이 해외 선교부 총무였던 엘린우드(Frank F. Ellinwood, 1826-1908)에게 보낸 편지에는 한국 선교 초기의 의료, 교육, 복음 사업에 관한 중요한 내용들과 더불어 그 당시의 조선의 사회적 상황을 담고 있다. 마이크로필름의 형태라 세계 주요 연구 도서관과 국내 기관에 소장되어 있으며 색인도 포함되어 있어 이용이 용이한 편이다.[38)] 아쉽게도 원본

---

35) 영인본으로는 한국기독교역사연구소가 편집한 총 91권으로 묶은 'Korea mission material of the PCUSA=미북장로교 한국선교 관련문서'가 있다. 2017년에는 같은 연구소에서 '미국 북장로교 해외선교부 한국선교 보고서(1911-1954) 목록집'을 출판하였다.

36) 국사편찬위원회 전자사료관, Presbyterian Chruch in the USA. Board of Missions, Korea Mission Records 1903-1957.

37) United Presbyterian Church in the U.S.A. Commision on Ecumenical Mission and Relations Secretaries' Files: Korea Mission. 〈https://digital.history.pcusa.org/islandora/object/islandora:48124#page/1/mode/1up〉(검색일: 2020.6.8)

38) 국사편찬위원회 전자사료관에서 원문 이미지를 제공하고 있다.

은 교단 본부에서 폐기하였고[39], 오직 마이크로필름만 여러 도서관들이 소장하고 있다.

세 번째 자료는 남장로교 기록물인 'Presbyterian Church in the U.S. Board of World Mission. Office of the Executive Secretary Records'이다. 이 컬렉션에는 1881년에서 1973년까지 해외에 파송된 남장로교단 선교사들이 선교지에서 작성하여 교단 본부가 있었던 내쉬빌의 해외선교부(Board of Foreign Missions) 앞으로 보낸 선교활동 보고서와 편지들이 주를 이루고 있다. 한국과 관련된 특이할 만한 자료는 박스 번호 36에 있는 독립운동과 신사 참배와 관련하여 호남에 활동하던 남장로교 선교사들이 해외선교위원회 앞으로 보낸 편지들이다.

네 번째 자료는 Missionary Correspondence Department Letters 이다. 이는 남장로교 교단의 선교부 서신부서(Missionary Correspondence Department)가 1919년에서 2000년까지의 기록을 모아 놓은 자료다. 이 부서는 선교사가 교단으로 보내온 편지를 등사본(mimeograph)이나 프린트 버전으로 발행하여 파송교회와 후원자들에게 배포하는 일을 담당하였다. 이 컬렉션에는 선교사들이 보낸 편지들의 원본과 복사본이 같이 보존 되어 있다. 이 컬렉션은 2018년 이전에는 'Presbyterian Church (USA) Worldwide Ministries Division, Stewardship and Communication Development Unit Records'로 불렸었는데, 2018년에 현재 이름으로

---

39) 1911년 이후 북장로교 해외선교 관련 자료도 마찬가지로 원본을 폐기할 계획이었다. 그런데 마침 1960년 초 미국아키비스트학회(SAA) 연례 컨퍼런스 참석 후 기록 관리에 관한 이해와 도전을 받은 PHS의 새내기 관장 William B. Miller는 뉴욕을 방문하여 COEMAR 부서의 기록물 폐기 계획을 설득하고 중단시켰다. 60~70 여개의 서류 서랍장 안에 남겨진 북장로교 해외선교부 문서들은 뉴욕 본부에서 필라델피아 PHS로 이전되었고 전문 아키비스트들에 의해 Record Group 140으로 정리되었다. 이 사건은 PC(USA)가 체계적 기록관리 프로그램을 시작하게 되는 중요한 계기가 되었다(Gleeson, Heuser & Bynum, 1992, pp.44-45).

변경되었다. 박스 번호 16에 호남에 있던 내한 선교사들이 남장로교 해외선교부에 보낸 편지가 포함되어 있다.[40] 〈표 7〉은 위에 설명된 네 개의 주요 장로교단 컬렉션을 요약한 표이다.

〈표 7〉 내한 선교사 편지가 포함된 주요 미국 장로교 컬렉션

	컬렉션	PHS 청구번호	교단	비고
1	United Presbyterian Church in the USA. Commission on Ecumenical Mission and Relations(COEMR) Secretaries' Files: Korean Mission, 1903-1972	RG 140 마이크로 필름:MF/POS/907	북장	마이크로필름 이름: Presbyterian Church in the USA Korea Mission Records, 1903-1957 (31릴) 국사편찬위원회 디지털제공 국내 영인본 제작
2	Presbyterian Board of Foreign Missions, Correspondence and Reports: Korea(Chosen) 1884-1911	MF POS 70	북장	마이크로필름만 남음 (16릴) 국사편찬위원회 디지털제공 국내 영인본 제작
3	Presbyterian Church in the U.S. Board of World Mission. Office of the Executive Secretary Records	RG 505	남장	Box 36 & 37 한국관련 2007년에 PHS로 이관
4	Missionary Correspondence Department Letter, 1919-2000	RG 510	남장	이전 이름: Presbyterian Church (USA) Worldwide Ministries Division, Stewardship and Communication Development Unit Records

40) 남장로교 주요 한국 관련 컬렉션으로는 Presbyterian Church in the U.S. Korea Mission Records(RG 444)도 있다. 본 연구 범위에 맞지 않아 포함시키지 않았다. 참고로 남장로교 선교사 편지 4,525통의 복사본이 한남대학교 인돈학술원에 소장되어 있다. 한남대학교, 인돈학술원 소장자료: 〈http://lintonacademy.hannam.ac.kr/04_data/04_01.php〉(검색일: 2018.11.15)

② United Methodist Archives and History Center(연합감리교 아카이브)

감리교단도 19세기 중반에 노예문제로 남과 북으로 나눠졌는데 1939년에 두 교단 통합 되었다.[41] 그 후 1968년 또 다른 교단과 재차 통합이 되어 현재의 연합감리교(United Methodist Church)가 된다. 뉴저지 매디슨(Madison, NJ)에 위치한 드류대학교(Drew University)에 있는 '연합감리교아카이브즈와역사센터(United Methodist Archives and History Center)'는 연합감리교단의 공식기록물 문서보관소인 '총회교회역사보존위회'(General Commission on Archives and History)와 드류대학교의 '감리교도서관(Methodist Library)'으로 구성되어 있다.[42] 1982년 드류대학교 캠퍼스에 현대식 기록관을 건립하면서 감리교단 연구에 중심 기관이 되었다. (〈그림 5〉 참조)

이 기관에 있는 중요한 내한 선교사 편지 컬렉션은 두 감리교단, 즉 '북감리교'와 '남감리교'의 선교부(Board of Missions)의 'Missionary Files of the Board of Missions of the MEC & MEC, South'로 모두 마이크로 필름으로 제작되어 국내 도서관에서도 이용이 가능하다. 이 자료 중 'Missionary Files Series of the Board of Missions of the Methodist Episcopal Church, South'(RG3752)에는 1897년에서 1940년까지 남감리교 선교부 임원들이 한국에 간 선교사들을 포함한 해외 선교사들과 업무상 주고받은 편지들이 포함되어, 컬렉션을 이루고 있다.

북감리교 선교사 편지의 컬렉션은 같은 이름인 'Missionary files

41) 1939년 한국에서도 남과 북감리교가 "감리교회 조선선교부"로 통합되었다(윤춘병, 1997, p.599).

42) Methodist Library에는 감리교의 창시자인 웨슬레(John Wesley, 1703-1791)가 쓴 편지 등 주목할 만한 역사자료가 있는 곳이다.

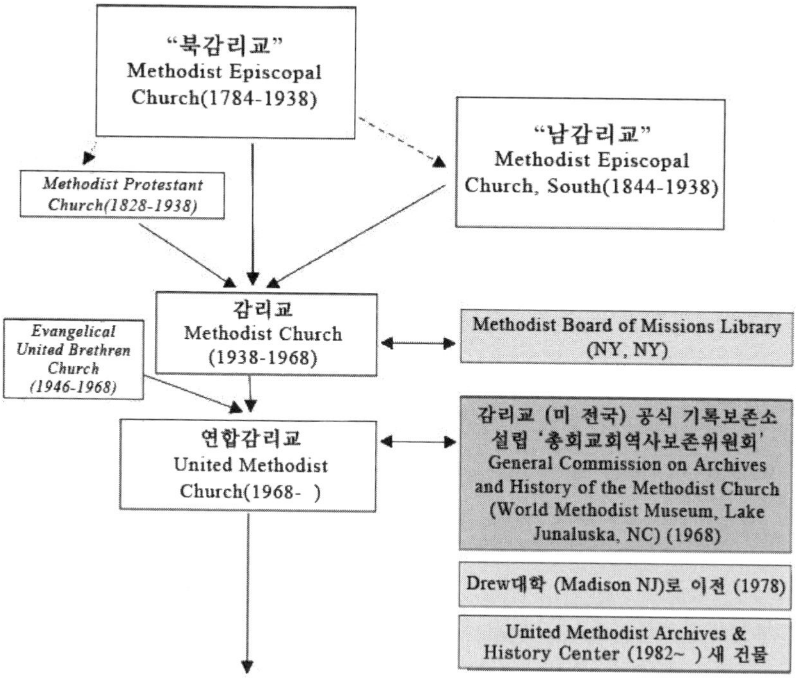

〈그림 5〉 내한 선교사를 파송한 미국 감리교단과 교단 공식 기록관

series of the Board of Missions of the Methodist Church'(RG3752)에 포함되어 있으며, 1912년에서 1949년까지 작성된 선교사 편지로 구성되어 있다. 1912년 이전 북감리교 선교사 편지는 'Missionary Correspondence of the Board of Missions of the Methodist Episcopal Church, 1840–1912'(RG3749)에서 찾아볼 수 있다. 이 컬렉션은 1840년부터 1912년까지 북감리회 선교부 총무와 해외에 파송된 모든 선교사들의 편지를 모아, 28개의 마이크로필름으로 제작되었다. 그 중 3개의 마이크로필름(릴 15–17)이 한국으로 파송된 선교사들의 편지 컬렉션이다.

③ United Church of Canada Archives(캐나다연합교회아카이브)

'캐나다연합교회아카이브(United Church of Canada Archives)'에는 1898년부터 한국에 선교사를 보낸 캐나다장로교(Presbyterian Church in Canada)의 자료와 1925년 캐나다 장로교가 감리교와 회중교회가 통합되어 세워진 캐나다연합교회(United Church of Canada)의 한국 선교 관련 자료가 있다. 50년 넘게 토론토대학 캠퍼스 내에 위치했던 아카이브는 재정적, 공간적 이유로 2013년부터 토론토 시내에 위치한 Christian Resource Centre빌딩으로 옮겨져 운영되고 있다. 이 기록관에 소장된 주요 내한 선교사 편지 컬렉션은 한국 선교 관련 기록인 'Presbyterian Church Canada, Records pertaining to the Korea Mission, 1895–1925'이다.[43] 이 컬렉션에는 당시 캐나다 장로교의 해외선교부 총무를 역임하였던 맥케이(Robert P. MacKay, 1847–1929)가 한국으로 파송 된 캐나다 선교사들과 주고받은 편지들이 다수 있고, 그 외 조선기독교교육협조위원회(Cooperating Board for Christian Education in Chosen)가 작성한 1915년에서 1925년까지의 회의록도 포함되어 있다. 캐나다 장로교는 1898년에 공식적으로 한국에 선교사를 파송하기 시작하였지만 그 이전에도 이미 여러 명의 캐나다인 선교사들이 미국 교단 소속 혹은 독립적으로 한국에 와 있었다. 이들을 대표하는 인물은 의료선교사로 세브란스의학전문학교 초대 교장인 에비슨(Oliver Avison, 1860–1956)과 원산 진료소와 제중원 등에서 의료 선교로 활동한 하디(Robert A. Hardie, 1865–1949) 등이다. 이 둘은 캐나다 장로교회가 파송한 선교사가 아니지만, 이들이 작성한 편지들은 그들의 출생 국가인 캐나다의 보존 기록관에 보존되어 있다. 캐나다 선교사들은 특히 1919년 만세운동 당시 적극적으

---

43) UCCA call number: Fonds 122.

로 반일적인 태도를 취하였는데(허윤정·조영수 2015, p.627; 문백란 2017, p.354) 이들의 편지에서는 반일적인 입장에서 당시 조선의 상황을 본국의 해외 선교부에 알리는 내용들이 있어 독립 운동을 연구하는 데 참고할 만하다.

(2) "단체-B": 기관 문서 컬렉션

내한 선교사들이 편지를 보낸 단체는 교단만이 아니다. 그들과 관련된 북미 지역에 다양한 선교 단체들이 있고, 재정적 후원을 요청하기 위해서 편지를 보낸 후원 재단도 있으며, 대학, 미국 공사관, 박물관 등에도 공식적인 편지를 보냈다. 〈표 8〉은 내한 선교사 편지가 포함된 교단 이외 여러 단체들의 컬렉션("단체-B" 유형)을 종류별로 나눈 것으로 각 종류에 속한 주요 컬렉션만 소개하려고 한다.

〈표 8〉 "단체-B" 유형의 종류별 리스트

종류	단체 이름	소장 기관	컬렉션 이름	편지 작성 선교사
선교 관련 기관	American Women's Hospital	Drexel University	American Women's Hospital Records	Hall(평양, 해주)
	Women's Medical Society of NY	Cornell University	Womens' Medical Society of New York	Hall(평양, 해주)
	YMCA of Canada	Library and Archives of Canada	National Council of YMCA of Canada	Avison, G; Bunce; Barnhardt; Wilbur
	YMCA of USA	University of MN	Records of YMCA International work	YMCA 선교사들
재단	Milton Stewart Evangelistic Fund	Wheaton College	Papers of William Eugene Blackstone	Baird; Best (평양); Deming(서울)

재단	Rockefeller Foundation	Rockefeller Archives Center	China Medical Board	Presby. Hospital
			Davidson Fund, Inc.	PY Union Hospital
			R. Foundation Interntional	Avison(서울)
대학	University of Louisville	University of Louisville	President's Office Records	Avison(서울)
	Yale, School of Nursing	Yale University	Yale School of Nursing Records	Rosenberger (서울)
국가	United States of America	National Archives	Department of State Central Files (RG 59)	Allen(서울) 등
			Records of Foreign Posts of the Depart. of State(RG 84)	선교사들
박물관	American Museum of Natural History	American Museum of Natural History	[Accession Records, Div. of Anthropology]	Vinton(서울); Hulbert(서울)

① 선교 기관: YMCA: Records of YMCA International work in Korea

YMCA(Young Men's Christian Association)는 영국 런던에서 1844년 설립되어 전 세계로 확산된 기관으로 한국에서는 1903년에 '황성기독교청년회'로 시작되었다.[44] 북미 YMCA 국제위원회에서 1901년 한국으로 보낸 질레트(Phillip L. Gillett, 1874-1939)에 의해 시작해서 1939년 한국에서 철수할 때까지 YMCA를 통해 한국에 온 선교사는 총 12명이었다.[45]

44) 한국민족문화대백과사전 〈http://encykorea.aks.ac.kr/Contents/Index?contents_id=E0061101〉(검색일: 2020.6.8)

45) 그들의 이름과 한국 활동년도는 다음과 같다. Avison, Gordon(1925-1939), Barnhart, Byron(1916-1937), Brockman, Frank(1905-1929), Bunce, Arthur(1928-1934), Clark, Francis(1929-1933), Gillett, Phillip(1901-1913), Gregg, George(1906-1927), Lucas, Adolph (1915-1920), Nash, William(1921-1932), Shipp, Fred(1925-1918), Snyder,

YMCA 선교사들은 한국 젊은이들에게 야구, 농구 등을 포함한 신교육과 문화 활동, 농촌 사업을 소개하였는데 일제강점기 때 YMCA는 민족 독립 운동의 중심지가 되기도 했다.

한국에서 활동한 YMCA 소속 선교사들이 업무상 작성한 편지들은 현재 미네소타대학(University of Minnesota) 앤더슨도서관(Elmer Andersen Library)의 특별문고 부서에 다른 미국 YMCA 기록과 같이 소장되어 있다. YMCA 문서들이 미네소타대학교로 옮겨진 이유는 1980년 미국 YMCA 본부가 뉴욕에서 시카고로 옮길 때 새로운 빌딩에 옛 기록물을 보관할 공간이 없어서 몇 년간 창고에 두었다가 1985년에 미네소타대학에 기증하였기 때문이다. 이 후 1996년 카우츠(Richard C. Kautz)가 80만 달러를 YMCA기록물 보존을 위해 지원하면서 미네소타대학에 있던 YMCA 기록물은 'Kautz Family YMCA Archives'라는 이름을 갖게 되었다.[46] 한국관련 기록이 있는 'Records of YMCA International work in Korea' 컬렉션은 13개의 박스로 구성되어 있고 많은 부분이 선교사가 보낸 재정 관련 편지이지만, 한국 YMCA 건축 프로젝트에 관련 편지들도 포함되어 있다. 1940년 이전에 보낸 편지는 주로 박스 2번, 3번, 6번에서 찾을 수 있다. 재정과 건축 관련 외는 한국과 일본과의 관계, 체육, 농촌 활동, 학생활동, 정치적 사건에 관련된 내용을 담은 편지들을 만날 수 있다.[47] 한국 YMCA에 관련 편지는 수백 통으로 추정이 되지만 정확한 편지의 규모를 파악하지 못했다.

Lloyd(1911–1916), Wilbur, Hollis(1931–1935)(김승태·박혜진, 1994).

46) The Kautz Family YMCA Archives: History of the Archives 〈https://www.lib.umn.edu/ymca/archives-history-mission〉 (검색일: 2020.7.15.)

47) Records of YMCA International Work in Korea: Collection Overview. 〈https://archives.lib.umn.edu/repositories/7/resources/948〉(검색일: 2018.11.15)

② 후원 기관: Milton Stewart Evangelistic Fund : Papers of William Eugene Blackstone

시카고 근방에 위치한 휘튼대학교(Wheaton College) 도서관의 빌리그래함센터(Billy Graham Center)가 소장하고 있는 '윌리엄 유진 블랙스톤 문서(Papers of William Eugene Blackstone)'에는 예수교서회의 문서 선교사였던 본웍(Gerald Bonwick, 1872-1954), 평양 숭실대학교 학장이었던 베어드(William M. Baird, 1862-1931), 서울 감리교 신학교 교사이며 재한 중국인을 대상으로 선교하던 중국태생 데밍(Edith M. Deming, 1882-1956), 평양 숭의여학교와 평양여자성경학원 교장을 역임한 베스트(Margaret Best, 1867-1942) 등의 편지가 포함되어 있다. 블랙스톤(William Eugene Blackstone, 1841-1935)은 부동산 투자가이며 기독교 시온주의자(Christian Zionist)로 '밀턴 스튜어트 에반젤리스틱(혹은 복음을 위한) 펀드(Milton Stewart Evangelistic Fund)'라는 선교 후원 기관의 이사장이기 때문에, 후원금 문제로 여러 명의 내한 선교사들과 주고 받은 편지를 소장하고 있었다. 이 편지 묶음이 보존 기록관으로 이관되어서 컬렉션을 형성하였다. 이 컬렉션에 있는 편지들을 통해 내한 선교사들은 파송 교단 외의 기관 및 후원자에게 적극적으로 후원금을 얻으려고 하였다는 것을 알 수 있게 된다. 특히 건축을 위해 후원금을 간청하는 내용의 편지가 종종 발견된다. '한국 내 중국인 선교위원회(Foreign Committee of the Union Mission to the Chinese in Korea)'의 대표였던 데밍이 1921년 12월 28일과 1922년 3월 4일 작성한 편지에는 제물포의 중국인 교회 건물을 위해 후원금을 요청하고 있다. 블랙스톤이 1922년 3월 10일에 보낸 답장에는 제물포화교교회를 위해 $2,500을 보내기로 결정했음을 알리고 있다. 베스트 역시 이 단체를 통해 매년 $500을 후원을 받고 있었던 것을 알 수 있는데, 베스트가 평양여자성경학원의 새 빌딩을 위해 $25,000을

요청했지만 이는 거부되었다.[48)]

'Milton Stewart Evangelistic Fund'는 중단되어 더 재정 후원을 할 수 없게 되었고, 이 기관 문서는 미국 메시아닉협회(American Messianic Fellowship)을 통하여 1990년 휘튼대학교 도서관에 기증되었다.[49)]

③ 대학: University of Louisville: President's Office Records

켄터키 루이빌(Louisville, Kentucky)에 위치한 루이빌대학교 도서관의 '루이빌대학교 총장실 사무실 문서(University of Louisville, President's Office Records)'에는 세브란스의학전문학교 초대 교장 에비슨의 편지가 있다. 이 편지는 에비슨이 오긍선을 위하여 쓴 편지이다. 세브란스의학전문학교의 2대 교장을 역임한 오긍선(吳兢善, 1878-1963)은 1934년에 그의 모교인 루이빌대학교에서 명예박사를 받게 되었는데, 이 과정에서 에비슨이 오긍선을 위하여 쓴 추천서이다. 총장 앞으로 보낸 편지이기 때문에 대학 총장실 사무실 문서에 포함되어 있다.

④ 국가: National Archives: U.S. Records of Foreign Posts

메릴랜드 주 칼래지팍(College Park, Maryland)에 위치한 국립문서기록관리청(National Archives and Records Administration)에 보존되어 있는 국무부(Department of State)의 외교 문서는 매우 방대하다. 이 중에 한국 현대사와 긴밀하게 관련된 자료들 및 내한 선교사들의 편지가 포함되어 있는 문서(컬렉션)은 "Department of State Central Files"(국무부

48) William Blackstone to Margaret Best, December 3, 1919.(Papers of William Eugene Blackstonem, Wheaton College)

49) Papers of William Eugene Blackstone Finding Aid. 〈https://www2.wheaton.edu/bgc/archives/guides/540.htm〉(검색일: 2018.11.15)

중앙 문서철 기록물, RG 59)와 "Records of Foreign Service Posts of the Department of State"(미국공사관 문서, RG 84)[50]이다. 전자는 미국 국무부 사무실이 보관하던 문서를 이 기록관으로 이관하여 형성된 것이고, 후자는 한국 미국공사관이 관리하던 문서를 미국국립기록관으로 옮기면서 만들어진 것이다. 이 컬렉션의 자료들은 마이크로필름화, 디지털화 그리고 영인본으로 제작이 되어 있어 국내에서도 용이하게 접근이 가능하다. 국무부 기록물(RG 59)의 경우 1951년에 제작된 "Despatches from U.S. Ministers to Korea, 1883-1905"를 국외 도서관에 마이크로필름으로 제공하고 있다. 미국공사관 문서(RG 84)의 경우는 국내에서 영인본[51]으로 간행했고 국사편찬위원회에서 디지털버전으로 제공한다.[52] 이 문서에는 1885년 이래 내한한 선교사들이 자신들의 한국 체류와 관련된 서류를 발급받기 위하여 한국 주재 미국 영사관에 보낸 편지들이 다수 포함되어 있다.

⑤ 박물관: American Museum of Natural History: Accession Records

미국자연사박물관(American Museum of Natural History)은 1869년에 설립된 비영리 공공 기관으로 자연의 세계와 우주 그리고 인류의 문화를 과학적 연구하여, 해석하고 교육을 통하여 전파하는 것이 목적[53]인 연구 기관으로 뉴욕 시에 소재하고 있다. 20세기 초 이 기관의 인류학 부서

---

50) Records of the Foreign Service Posts of the Department of State. 〈https://www.archives.gov/research/guide-fed-records/groups/084.html〉(접속날짜: 2020.6.8)

51) Korea 1882-1905, 주한미국공사관 · 영사관기록"(10 vol.)이다.

52) 국사편찬위원회: United States Consular Records for Seoul, Korea, 1884-1948. 〈http://archive.history.go.kr/catalog〉(접속날짜: 2020.6.8)

53) AMNH: About the Museum.〈https://www.amnh.org/about-the-museum/mission-statement〉(접속날짜: 2020.6.8)

(Division of Anthropology)는 한국 문화를 연구하기 위한 자료를 수집하기로 결정하였는데, 이를 위하여 선교사 빈튼(Vinton)의 도움을 받는다. 빈튼은 미국 북장로교의 파송을 받고 1891년 한국에 들어와서 제중원 원장으로 봉직했던 의료 선교사이다. 이 컬렉션의 특징은 보통의 선교사 편지가 선교와 관련된 프로젝트 혹은 일화를 담고 있는 것과는 달리 선교와 상관없이 한국을 미국에 소개하는 내용이다. 이와 같이 내한 선교사들의 활동은 선교의 영역을 넘어선 경우도 있었고, 이런 업무를 위한 편지들은 "단체-B" 유형의 컬렉션에서 찾을 수 있다.

미국 인류학의 아버지라고 불리는 보아스(Franz Boas, 1858-1942)는 그 당시 널리 알려진 학자로 미국자연사박물관 인류학 부서를 이끌고 있었다. 그는 뉴욕 시에서 아시아 인류학을 위한 의미 있는 기반을 구축하려고 아시아 관련 자료들을 조직적으로 수집하였는데, 종종 선교사들을 활용하였다(Kendall, 2016, p.428). 이 편지 컬렉션에는 한국 민속품과 생활품을 수집하는 과정에서 보아스가 빈튼과 주고받았던 것들이다.[54) 1901년부터 1908년까지 빈튼이 쓴 편지는 총 12통이며, 보아스가 빈튼에게 보낸 편지는 5통이다. 보아스가 미국자연사박물관을 사임한 후에도 미국자연사박물관은 계속해서 빈튼과 같이 일을 하였는데 이 기간에 직원이 빈튼에게 쓴 편지 13장도 있다. 빈튼 관련 편지들은 미국자연사박물관의 Accession Records(수집 기록) 안에 포함이 되어 인류학 기록관리부서에서 관리하고 있다.[55)]

54) 워싱턴의 국립자연사박물관(National Museum of Natural History)과 보스턴의 피바디(Peabody Museum), 시카고 필드박물관(Field Museum)은 이미 조선에 관한 수집이 한참 시작되었고, AMNH는 늦게 시작되었다(Kendall, 2016, p.432).

55) Kirsten Mable, Senior Registrar for Archives and Loans, Division of Anthropology, AMNH. (2018년 7월 20일 이메일)

2) "개인 수신 유형" 컬렉션의 특징과 세부 유형 분석

개인이 수신인이 되어 선교사의 편지를 모아 기증함으로 형성된 컬렉션은 110개이다. 이는 26개 남짓한 "단체 수신 유형"의 컬렉션과 비교하면, 컬렉션의 수가 훨씬 많다. 하지만 전체 편지의 수적인 규모는 "개인 수신 유형"이 적다. "단체 수신 유형"의 대표적 컬렉션인 3개의 교단 기록관에만 10,000통 이상에 달하는 편지가 보관되어 있을 것으로 추정되기 때문이다.

개인들의 컬렉션이 활기를 띠게 된 배경에는 1980년대부터 등장한 미국의 '도큐멘테이션 전략(documentation strategy)'이나 캐나다의 '토탈 보존 기록관(Total archives)'과 같은 기록 평가 방법론의 활성화가 자리하고 있다. 이 정책은 북미 주류 기록관들로 하여금 전보다 훨씬 다양한 사회적 주제들에 대한 기록화를 장려하였다. 결과적으로 민간 기록 수집에 대해서 더 큰 관심을 갖게 되었다(이경래, 2013, p.233). 그 영향으로 개인적 자료들은 더 이상 사적인 것만이 아니라, 사회의 다양한 측면을 보여주는 기록으로 자리매김하게 되었고, 기록관이 영구 보존 대상으로 삼아야 할 자료가 된 것이다.

"개인 수신 유형"의 편지들은 대부분 기증에 의해서 기록관이 컬렉션을 형성하였는데, 개인인 기증자는 한 번에 모든 자료를 기증하지 않고 순차적으로 하는 경우가 적지 않다. 따라서 "개인 수신 유형"에 속하는 컬렉션은 시간이 지나면서 점점 커지기도 한다. 예컨대 오하이오 주에 위치한 미국 19대 대통령 헤이스(Rutherford B. Hayes, 1822-1893)의 기념 도서관에 있는 프랭클린 올링거 문서는 삼문출판사와 정동교회에서 활동한 내한 선교사 올링거의 딸이 1969년에서 1972년 사이에 여러 번에 나누어 아버지로부터 받은 편지를 기증함으로 형성되었다.[56] 같은 올링거 선교사가 아들에게 쓴 편지들은 톨레도대학교(University of Toledo)의 구스타브 올링거 문서(Gustavus Ohlinger Papers)에 보존되어 있는데, 이 경우도 후손이 1981년에서 2000년까지 9번 나누어 자료를 기증을 하여서 점차로 규모가 늘어나게 되었다.[57)]

함흥 제혜병원에서 의료 선교사로 활동한 플로렌스 머레이(Florence J. Murray, 1894-1975)의 문서인 '플로렌스 제시 머레이 퐁(Florence Jessie Murray fonds)'의 경우에도 1985년과 1999년 두 차례 걸쳐 그의 친척들이 머레이의 모교인 댈하우지대학교 도서관에 기증하여 형성되었다. 흥미로운 것은 그 문서는 오랫동안 머레이의 아버지 이름을 따라 로버트 머레이 목사와 가족 퐁(Reverend Robert Murray and Family fonds) 속에 있었으나, 시간이 흘러 컬렉션을 재평가하는 과정에서 컬렉션의 타이틀을 딸의 이름으로 변경되었다.[58)] 도서관이 책을 폐기하듯, 보존 기록관 역시 더 이상 보존할 필요가 없는 기록을 정리하기도 하고, 플로렌스 머레이 퐁의 경우처럼 기록물에 대한 새로운 가치 판단 기준을 채택한 경우 기존의 컬렉션이 변경되기도 한다.

"개인 수신 유형"은 3가지 세부유형으로 나눌 수 있다. (1) "개인-A" (수신인이 가족, 친척, 친구인 경우) (2) "개인-B" (수신인이 전문가인 경우) (3) "개인-C"이다. 각 유형에 대한 개요적인 설명은 이미 언급하였고, 여기서는 한 유형씩 차례로 각 유형의 특징을 실례를 통해 살펴보고자 한다.

---

56) 올링거문서는 헤이스대통령기념도서관이 소장하는 123개의 Guilded Age Collections 중 하나이다.

57) Finding Aid of Gustavus Ohlinger Papers, 1821-1987.

58) Fonds MS-2-535 - Florence Jessie Murray fonds, Finding Aid (Dalhousie University Libraries)

(1) "개인-A": 수신인이 가족, 친척, 친구인 사적인 편지

"개인-A" 유형은 내한 선교사의 가족, 친척 혹은 친구가 수신하여 보존하고 있던 편지를 기록관에 기증하여 형성된 컬렉션으로 "개인 수신 유형"의 세 가지 세부 유형 중 대표적인 것이다. 편지의 내용은 사적이며 따라서 선교사가 전하는 안부와 선교사 주변에 관련된 이야기들이 담겨 있는 경우가 많다. 한국에 왔던 모든 선교사는 예외 없이 사적인 편지를 가족이나 친구에게 썼을 것이다. 하지만 이런 유형의 편지는 보존 과정에서 소멸될 위험이 교단 앞으로 보낸 공식편지보다 훨씬 컸다.

본 연구가 제시하는 전체 목록인 136개의 컬렉션 중에 "개인-A" 유형에 속한 컬렉션들은 75개이다. 이를 빠짐없이 연구하려는 것은 수고스런 작업일 것이다. 하지만 이 유형에 속하는 컬렉션 중에는 한국 근대사 혹은 선교 역사에 유명 인물들이 쓴 편지의 컬렉션이 있어 연구자의 관심을 끈다. '언더우드문서(Underwood Papers)'가 그 예이다. 호러스 G. 언더우드(Horace Grant Underwood, 1859-1916)의 편지는 항상 연구자들의 관심 대상이다. 왜냐하면 그는 한국 장로교회를 시작했고 또 연세대학교를 설립했기 때문이다. 본 연구가 "개인-A" 유형으로 분류한 '언더우드문서'는 상대적으로 연구자들에게 많이 알려지지 않은 자료다. 이는 "개인-A"형의 편지들은 컬렉션이 형성되는 과정이 사적인 경우가 많아 연구자들에게 잘 알려지지 않을 수밖에 없다. 본 연구는 이러한 컬렉션을 널리 알리는 것도 하나의 목적이다. '언더우드 문서(Underwood Papers)'에 속한 편지들은 언더우드가 가족에게 쓴 것으로 가족들이 보존하여 대물림하다가 4대 손인 엘리자베스 언더우드가 뉴저지 소재 뉴브런즈윅신학교 도서관에 기증하여 형성되었다(Underwood, 2015, p.51). 뉴브런즈윅신학교는 언더우드가 졸업한 학교다. 이 컬렉션은 총 20장의 편지로 되어 있는데, 언더우드가 1884년에서 1889년 사이에 친형제, 자매에게 보낸 편지로 그가 한국에 도착한 해부터 처음 5년 동안 쓴 편지이기 때문에 그의 선교 초기 모습을 찾아볼 수 있어 자료적인 가치가 크다. 20통의 편지 중에는 언더우드가 1884년 한국으로 가는 길에 누이에 쓴 편지가 있고, 한국에서 정착 초기에 남동생 프레드에게 쓴 편지도 있다. 남동생에게 쓴 편지에 언더우드는 자신이 얼마나 많은 노력을 들여서 교육 선교와 복음 선교를 동시에 감당하는지를 적고 있다. 언더우드는 선교 초기부터 하루에 2시간씩 한국어로 강의를 해야 했기에 이를 위해는 많은 준비의 시간이 필요했고, 이외에도 보육원에서 가르치는 일, 복음을 전하는 일도 게을리하지 않았다고 쓴다.[59)]

"개인-A" 유형에 속한 컬렉션으로 연구자들의 관심의 대상이 될 만하지만 잘 알려지지 않은 자료는 '아처 버틀러 헐버트 문서(Archer Butler Hulbert Papers)'이다. 호머 헐버트는 1907년에는 헤이그 특사를 파견하는 데 힘을 썼던, 한국을 외국에 알리며 한국의 입장을 해외에 전하는데 앞장선 대표적인 외국인이다. 헐버트가 가족에게 남긴 편지는 콜로라도 대학의 역사 교수였던 동생 아처 버틀러 헐버트(Archer B. Hulbert, 1873-1933)에 의해 보존되었다가 아처가 죽은 후 그의 아내가 콜로라도대학교에 기증하여 '아처 버틀러 헐버트 문서'가 되었다. 이 컬렉션에는 호머 헐버트가 1900년부터 동생 아처에게 보낸 178통의 편지가 포함되어 있다. 호머는 1886년 육영공원 교사로 조선에 들어와서 영어를 가르쳤고 육영공원이 폐쇄되면서 조선을 떠났지만, 1893년 감리교 선교사로 다시 돌아와서 배재학당에서 가르치며 근무한다.[60)] 아처는 1897-1898년 서울을 방문하여서 형과 같이 지내면서 잠시 독립신문의 영문판 편집자로

59) Horace G. Underwood to Fred Underwood, date unknown. (Underwood Papers, New Brunswick Theological Seminary)

60) 아처 헐버트가 독립신문 영문판 편집자로서의 경험은 일간지 'St. Paul Global'의 1904년 5월 29일자에 게재된 "Running an American Newspaper in Korea" 기사를 참조.

활동했기 때문에 아처는 호머가 가진 한국에 대한 관심과 특히 호머가 힘써 지지했던 항일운동에 대해 상세히 알고 있었다. 이런 특별한 관계 때문에 호머는 동생에게 쓴 편지에 자신의 심경과 시대에 대한 견해를 마음 놓고 털어 놓았다.[61)]

"개인-A" 유형에는 '가족 문서'들이 다수 포함되어 있다.[62)] Pearce-Moses(2005, p.161)는 가족 문서를 가계(家系)와 밀접한 관련이 있는 집단이 생산하거나 수집한 기록물로서 그들의 개인적이거나 사적인 업무와 관련 있는 자료라고 정의했다. 그런데 20세기 중반 이전에 형성된 가족 문서 컬렉션의 경우에는 비즈니스 업무와 관련된 문서들도 많이 포함되어 있다. 보통의 편지 컬렉션은 한 수신인이 모아 놓은 자료로 형성된다. 따라서 그 안에는 여러 사람들이 그 수신인에게 보낸 편지들이 모여 있다. 반면, '가족문서'는 같은 조상을 둔 후손 여러 명이 사적인 일들과 관련하여 보관하던 각자의 기록물을 집합적으로 모아 형성한 컬렉션이다.

요약하면, "개인-A" 유형에 속한 컬렉션은 수가 가장 많다. 하지만 컬렉션의 수가 많다고 해서 편지의 수도 많은 것은 아니다. "개인-A" 유형의 컬렉션들은 대부분 소규모의 편지로 되어 있다. 내한 선교사 편지의 총체적인 연구에 있어, "개인-A" 유형은 "단체-A" 유형 다음으로 연구자들에게 선택과 집중을 요구하는 자료일 것이다. "개인-A"

---

61) 헐버트가 서울에서 작성한 1906년 1월 27일 편지에는 "일본이 여기서 무엇을 하고 있는지 전 세계에 알리기 위해 더욱 열심히 일할 것이다"라고 썼다. (H. Hulbert to A. Hulbert, January 27, 1906, Archer Butler Hulbert Papers, Colorado College)

62) Adam Family Papers; Alexander Family Papers; Ayock Family papers; Baird Family Papers; Buie Family Papers; Bolt Family Papers; Burbidge Family Papers; Burnett Family Papers; Hunt Family Papers; MacRae Family Papers; Morris Family Papers; Owen Family Papers; Reynold and Grove Family Papers; Riehl-Thompson Family Papers; Scarlette-Royster-Swinney Family Papers; Smith Family Papers; Withrow Family Papers; Wooten Family Papers이다.

유형에 속한 상당수의 편지들은 매우 사적인 것이어서 특별한 목적을 둔 경우가 아니라면, 연구에 별 도움이 되지 않을 것이다. 이를 감안하여 본 연구에서는 세 개의 예를 제시하였다. '언더우드 문서'와 아처 버틀러 헐버트 문서는 유명한 선교사들이 작성한 편지 컬렉션이며, 가족 문서는 특이한 형성 배경을 가지고 있는데, 이 안에 그동안 알려지지 않았던 소중한 편지들이 있을 가능성이 있는 컬렉션들이다. 이들은 "개인-A" 유형의 편지들이 어떤 면에서 연구자들의 관심을 끌 수 있는지를 보여 줄 것이다. "개인-A" 유형에 접근함에 있어, 연구자는 선택과 집중을 하면 좋을 것이다. 마지막으로 언급하고 싶은 것은 "개인-A" 유형의 컬렉션은 형성과정이 사적이어서 이들의 존재가 잘 알려지지 않은 편지들이 다수 있음을 알아야 한다.

(2) "개인-B" 유형: 수신인이 전문가인 경우

"개인-B" 유형은 내한 선교사가 가족이나 친구가 아닌 다른 개인에게 보낸 사적인 편지들이 포함되어 있는 컬렉션이다. 선교사들은 다양한 이유에서 단체가 아닌 타인에게 편지를 썼고, 이런 유형의 편지는 개인적인 것이지만 업무에 가까운 관심을 담고 있다. 이와 같은 사적인 편지가 보존된 이유는 그 편지의 수신인이 당시 사회 유명인사들이었기 때문이다. 즉 수신인들의 사회적 중요성 때문에 수신인의 유품을 보존하는 과정에서 선교사들이 보낸 편지도 포함되어 있다가 기록관에 기증된 경우이다. 따라서 "개인-B" 유형에 속하는 편지들은 유명 인사의 개인 자료 안에 포함되어 있어서 기록 기관이 제공하는 검색도구(finding aid)의 도움이 없다면, 찾아내는 것이 쉽지 않다. 반면, "개인-B" 유형의 편지들은 특정한 목적을 가진 연구자들에게는 매우 흥미로운 자료를 제공할 가능성이 있다. 이 유형에는 공식적 편지나 사적이며 가족에게 보낸 편지가 다루지 않고 있는 선교사의 개인적인 고민이나 전문적 문제 혹은 당시 한국 사회가 당면한 특별한 상황에 대하여 전문가들에게 자문을 구하는 내용들이 포함되어 있기 때문이다. "개인–B" 유형에 속하는 컬렉션은 31개에 달하는데 가장 큰 특징은, 〈표 9〉를 통하여 볼 수 있듯이, 편지의 수신인들이 다양하면서도 당시 사회에서 두드러진 활동을 하던 인물이라는 점이다.

〈표 9〉 "개인-B" 유형 컬렉션

	컬렉션	기록관	저자	수신인	내용/비고	수신인 타입
1	Alexander Family Papers	캔터키 역사학회	Bell; Drew; Daniel등	Alexander, 의사, 사업가, 후원인	남장로교의 호남지역 선교	④ 후견인
2	Anita M. Blaine Correspondence & Papers	위스컨신 역사학회	Baird; Blair; Bruen	Blaine 자선사업가	후원/Netti McCormick 의 딸	④ 후견인
3	Arthur James Brown Papers	예일 대학교	Allen	Underwood와 Wells	A. J. Brown의 한국방문	① 교단 지도자
4	Bolt Family Papers	퍼시픽 대학교	Ludlow; Mills	Bolt, Richard 공중 위생학자	한국 방문, C.M.J.논문	② 의료(과학) 전문인
5	Burnett Family Papers	노스 캐롤라이 나주립대	Cowman; Kilbourne	Burnett, Anna 후원인	후원	④ 후견인
6	Century Co. Papers	뉴욕공공 도서관	Allen	Century Co. (잡지사)	시베리아철 도여행	⑤ 자료 수집가
7	Charles Freer Papers	스미스 소니언 아카이브	Allen	Freer, Charles 사업가, 미술품 수집가	한국 도자기	⑤ 자료 수집가
8	Dora Abbott Papers	오논다가 카운티	Haynes	Abbott, Dora 후원인	크리스마스 선물 평양여학교	④ 후견인

9	Edwin H. Anderson records	뉴욕공공 도서관	Allen	NYPL 관장	기증	⑤ 자료 수집가
10	Ellsworth Huntington Papers	예일대	Gregg; Snyder; VanBuskirk	Huntington 예일대 지리학 교수	연구	② 의료(과학) 전문인
11	Everett Frazar Papers	뉴욕공공 도서관	Allen	Frazar 뉴욕주재 조선공사	1886, 1889, 1892년 1통씩	③ 외교 및 군사 전문인
12	George Alexander Papers	뉴욕역사 학회	Irvin; Lambuth	Alexander, G. 북장해외 선교부 임원	선교사 사임	① 교단 지도자
13	George Foulk Papers	뉴욕공공 도서관	Allen	Foulk, George 주한 공사	한국	③ 외교 및 군사 전문인
14	George Jones Papers	유니온 신학교 뉴욕	Jones; Noble	Harris, Merriman 등 감리교단 감독	한국 선교 상황	① 교단 지도자
15	Hartshorne Family Papers	하버포드 대학교	Wells	Hartshorn 의사, 저자	콜레라 창궐 & 대처	② 의료(과학) 전문인
16	Harvey Harmer Coll.	웨스트 버지니아	Boyles; Hulbert, E	Harmer, 북감 해외여선교부 임원	평양여학교; 신사 참배	① 교단 지도자
17	Hei-Sop Chin Coll.	UCLA	Hulbert	Kim, Yonggi 독립운동가	헐버트 강연 부탁	⑥ 독립 운동가
18	Herbert Welch Papers	UMC	Welch 등	Welch 북감 한국 감독	한국 상황	① 교단 지도자
19	Homer Hulbert Papers	다트머스 대학교	Hulbert	Harold 사서 대학교수	출판 문제	⑤ 자료 수집가
20	Horace Allen Papers	뉴욕 도서관	Allen	Dinsmore; Ellinwood; Frazer 정치인	한국 상황	③ 외교 및 군사 전문인
21	James H. Wilson Papers	미 국회 도서관	Allen	Wilson군인, 철도 건설자	1900-15까지 13통	③ 외교 및 군사 전문인

22	James S. Gale Papers	토론토 대학교	Gale	McCormick, Frederick 등	한국 고문헌 구입 등	⑤ 자료 수집가
23	John F. Goucher Papers	유니온 신학교 뉴욕	Appenzeller; Billing 등 8명	Goucher 감리교 지도자, 총장	Korea Repository; 학교 재정	① 교단 지도자
24	John R. Mott Papers	유니온 신학교 뉴욕	Hulbert; Brockman	Mott 미 해외선교 지도자	1919년 만세운동	① 교단 지도자
25	Korean Conspiracy	유니온 신학교 뉴욕	Gillett; Underwood; Moffett	Brown, Mott 미 해외선교 지도자	105인 사건	① 교단 지도자
26	Netti McCormick Correspond.	위스컨신 역사학회	Moffett; Underwood, L.	McCormick 자선사업가	후원	④ 후견인
27	Strong Familiy Papers	쓰리 빌리지 역사학회	Erdman	Elizabeth D. Strong 북장 여성위원회	후원	① 교단 지도자
28	Warren A. Candler Papers	에모리대	Boaz	Candler 대학총장	현황	① 교단 지도자
29	William A. Marshall Papers	미국회 도서관	Allen	Marshall 미 해군대령	러일전쟁	③ 외교 및 군사 전문인
30	William E. Griffis Collection	럿거스 대학교	Allen; Anderson 등 27명	Griffis 동양학자, 저자	한국 상황; 한국 초대	⑤ 자료 수집가
31	William Rockhill papers	하버드 대학교	Allen	Rockhill 주한공사, 학자	1891–1905년	③ 외교 및 군사 전문인

"개인-B" 유형의 컬렉션은 수신인을 중심으로 분석하면 6가지의 전문인 타입으로 세분될 수 있다. (1) 교단의 최고 지도자들 (2) 의료 전문인들 (3) 외교 및 군사 전문인들 (4) 후견 및 경제적인 유력자들 (5) 자료 수집 활동을 하던 전문인들 (6) 독립운동가이다.

첫째, "개인-B" 유형 중에서 가장 많은 수신인 타입은 당시 각 교단의 중요 인물들이었는데, 31개 중 11개의 컬렉션이 이에 해당한다. 북장로교 해외선교부 임원이며 뉴욕시 지역교회의 목사 알렉산더(George Alexander, 1843-1930), 북 감리교 한국과 일본 지역 감독 해리스(Merriman Harris, 1846-1921), 감리교 여성 지도자 하비(Florence Harvey, 1885-1960), 오하이오 웨슬리안대학교 총장이며 북감리교 감독 웰치(Herbert Welch, 1862-1969), 북장로교 해외선교부 총무 엘린우드(Frank Ellinwood, 1826-1908), 북감리교 지도자 가우처(John Goucher, 1845-1922), YMCA 국제위원회 의장 모트(John Mott, 1865-1955) 등이다. 엘린우드 경우는 알렌을 한국선교사로 임명하여 파송한 북장로교 해외선교부 한국 총무로 선교사업에 앞장섰던 인물로 1884년부터 1904년까지 재직했다(김승태·박혜진, 1994, p.242).

두 번째 수신인 그룹은 의료 전문인들이다. 31개 컬렉션 중에서 이 그룹에 속하는 컬렉션은 세 개이다. 하나는 당시 중국 베이징의 청화대학(清华大学) 교수로 공공위생학을 가르쳤던 볼트(Richard Bolt, 1900-1960)가 세브란스병원 외과의사이며 연구실 실장이었던 엘프레드 러들로(Alfred I. Ludlow, 1876-1961)와 역시 세브란스의전에서 활동했던 랄프 밀스(Ralph G. Mills, 1881-1944)로부터 받은 편지이다. 20세기 초 한국에서 의료 활동을 하던 의료선교사인 밀스와 러들러가 각각 중국에서 활동하던 볼트에게 보냈던 편지이다. 밀스의 경우 China Medical Journal이란 의료저널에 게재된 볼트의 학술 논문을[63] 읽고 논문에 나오는 '플레보터무스'라는 파리에 관한 문의를 하였고, 러들로의 편지는 한국을 방문했던 볼트교수에게 감사를 표하는 내용이다. 이 편지들은 '볼트 가족

63) Bolt 교수가 쓴 논문은 "Sandflies*(Phlebotomus)* in China and their relation to disease." *China medical Journal, March*, 1915, 29, 78-86이다.

문서(Bolt Family Papers)'에 포함되어 있다. 다른 예는 평양연합기독병원의 제임스 웰스(James H. Wells, 1866-1938)가 미국 필라델피아의 의사이며 전염병 콜레라에 관한 책 "Cholera: Facts and Conclusions as to its Nature"(1866)의 저자인 하트숀(Henry Hartshorn, 1823-1897)에게 1896년에 쓴 편지이다. 웰스 선교사가 편지를 쓴 이유는 1895년에 한국에 창궐했던 콜레라와 이에 대한 대처법에 관한 것이었다. 세 번째는 세브란스의학전문학교 교수인 제임스 반버스커크(James Van Buskirk, 1881-1969)가 의사는 아니지만 논란과 함께 관심을 끌었던 환경 결정론(environmental determinism)의 권위자인 예일대학교 지리학과 교수 헌팅턴(Ellsworth Huntington, 1876-1947)에게 쓴 편지이다. 반버스커크는 그 당시 출간된 헌팅턴의 "문명과 기후"(Civilization and Climate, 1915)란 책을 읽고 헌팅턴의 주장이었던 기후가 사회 문명에 지대한 영향을 끼친다고 주장에 근거하여서 한국인의 성향이 한국 기후와 연관이 있을 것 같다는 자신의 연구 견해를 적은 편지를 보냈다.[64)]

세 번째 수신인 타입은 외교 및 군사에 관한 전문인이 소장했던 편지의 컬렉션이다. 이에 속하는 컬렉션은 5개인데 모두 알렌이 쓴 것이다. 그의 편지 수신인과 보존되어 있는 편지의 수는 다음과 같다. (1) 군인이요, 철도 건설자인 윌슨(James Wilson, 1862-1923)이 13통의 편지를 (2) 해군 대령이었던 마샬(William Marshall, 1849-1926)이 18개의 편지를 (3) 한미 수교 초기 상업 교역사를 지낸 프레이자(Everett Frazar, 1834-1901)이 3통의 편지를 (4) 주한미국공사, 주중미국공사관 서기관, 주러시아 미국대사, 주터키 대사를 역임했으며, 티베트, 몽골학자였던 락힐(William Rockhill, 1854-1914)이 36통 편지를 (5) 1880년대 조선에서 미

64) J. Van Burskirk to E. Huntington, October 17, 1919. (Ellsworth Huntington Papers, Yale University. Sterling Memorial Library)

국공사관 해군부관이었던 포크스(George Foulks, 1856-1893)이 1통의 편지를 보존하고 있었다.

수신인 중심의 분석에서 잠시 편지 작성인 중심으로 시각을 옮겨 보면, 알렌이 쓴 편지가 포함된 컬렉션은 총 17개이다. 알렌은 조선 정부가 최초로 인정한 외국인 선교사로 제중원을 설립하였다. 그는 처음에는 의료 선교사로 활동을 했지만 1897년 미국 워싱턴 정부로부터 주한 미국 공사로 임명받아 외교관으로서 활동한다. 따라서 알렌의 편지들은 선교사로서보다는 미국 외교관으로서의 자료가 더 많다. PHS에 있는 알렌 관련 문서를 제외하고, 다른 알렌 관련 기록물들은 거의 개신교 선교와는 관련이 없는 자료라고 할 수 있다.

네 번째 수신인 타입은 선교사들이 재정적인 지원 및 이에 관련하여서 요청하던 편지를 모아 놓은 컬렉션이다. 사실 이 타입에 속하는 컬렉션이 많을 것으로 예견하였지만, 실상 5개의 컬렉션 밖에 발견되지 않았다. 아마도 당시 내한 선교사들은 개인 후원보다는 공식적인 후원을 선호했기 때문인지도 모른다. 또한 선교사가 후원을 특정 개인에게 따로 요청할 경우에는 그 인물은 매우 부유한 사람이었는데 이러한 부류의 인물은 적은 수였기 때문일 것이다. 반면 평범한 후원자는 상대적으로 많았던 것으로 보인다. 따라서 선교사들이 작성했던 재정 후원 편지는 특정 개인에게 전달된 것 보다는 불특정 다수의 평범한 사람들에게 "Dear friends"로 시작하는 형식의 후원 요청 편지를 보내곤 했다. 이미 언급한데로 선교사들이 후원자들에게 보내는 편지는 주로 등사본으로 대량으로 발송되었다. 남장로교단의 경우에는 이러한 등사본 편지 보내는 것을 해외선교부에서 대신 해 주었다. 네 번째 타입에 속한 컬렉션의 예는 Dora Abbott Papers와 McCormick-International Harvest Collection 그리고 Burnett Family Papers이다. '애벗(Abbott) 문서' 경우 평양여학교 교사로 활동하던 헤이네스(Emily Haynes, 1877-1960)가 쓴 편지가 포함되어 있는데, 이 편지에는 헤이네스의 후원인이었던 애벗과 북감리교 뉴욕 중부 노회(New York Central Conference)가 보낸 크리스마스 선물을 학생들과 나누었다는 감사가 담겨 있다.[65] 한편, 맥코믹(McCormick)은 곡식 수확기를 발명하여서 엄청난 부를 축척한 가문인데 신학교, 대학교와 해외 선교지에 많은 재정적인 후원을 하였다.[66] 이 컬렉션(McCormick-International Harvest Collection)에는 다양한 내한 선교사들이 후원을 요청하는 편지가 포함되어 있다.

다섯 번째 타입은 선교사들을 통해서 한국 관련 다양한 자료를 수집하려는 목적을 가진 편지들이 포함된 컬렉션이다. 이러한 컬렉션은 총 6개이다. 미국과 아시아와 교통이 많아짐에 따라 미국 내에는 중국, 일본, 한국 관련 자료에 관심을 두는 기관이나 개인들이 늘어났고, 종종 선교사들은 한국 문화에 관심을 가진 이들로부터 자료나 작품을 구하는 일을 주선해 달라는 청탁을 받게 되었는데, 이런 일에 관련된 편지들로 된 컬렉션은 이 타입에 속한다.[67] 이는 앞서 언급한 교단이 아닌 기관이 자신들의 업무를 수행하기 위하여 내한 선교사와 주고받은 편지와 비슷한 면이 있다. 둘의 차이는 수취인이 기관과 개인이라는 점이다. 편지 컬렉션의 경우 수취인이 기관이었는가 혹은 개인이었는가에 따라 컬렉

65) Emily Haynes to Dora Abott, December 22, 1913.

66) McCormick Harvester Companies의 소유주였던 사이러스 맥코믹(Cyrus Hall McComick, 1809-1884)과 그의 부인인 네티 맥코믹(Netti Fowler McCormick, 1835-1923)은 많은 자선 사업을 했다(Hutchinson, 1935). 남편이 죽은 후에 네티는 남편에 관련된 자료들을 모아 1912년에 McCormick Historical Society를 설립했다. 이 기록관은 1949년 폐쇄되지만, 1951년 Madison에 위치한 캠퍼스 내 Wisconsin Historical Society로 이관하면서 큰 규모의 컬렉션이 탄생한다.

67) “단체-B” 유형에서도 한국 관련 자료 (주로 민속품)을 수집하는 내용의 편지 컬렉션이 있었다. 보아스와 빈튼이 주고 받은 편지들이다. 이 때 보아스는 박물관이라는 기관을 대표하고 있어서 “단체-B” 유형으로 분류하였다.

션으로 형성되는 과정이 다르게 된다. 전자의 경우 컬렉션의 존재와 추적이 상대적으로 용이하며, 후자 경우 좀 더 전문적인 추적 과정이 필요하다. 예를 들면, 동아시아에서 저널리스트로 활동했던 맥코믹(Frederick McCormick, 1870-1951)에게 선교사 게일이 쓴 편지의 컬렉션도 동일한 타입으로 볼 수 있다.[68] 편지의 내용은 맥코믹이 게일이 소장했던 한국 고문헌을 입수하는 것과 관련되어 있는데, 총 128종 808책의 규모임을 밝힌다. 이와 관련 게일은 3통의 편지를 보내었고, 모두 고문헌 구입이 편지의 주 내용이다(권순희, 2018, p.9).[69] 또 알렌이 사업가요 미술품 수집가인 프리어(Charles L. Freer, 1854-1919)에게 쓴 편지도 같은 타입이라고 볼 수 있다.[70] 또 호머 헐버트가 한국 역사책을 기증하려고 다트머스대학(Dartmouth College) 도서관 사서였던 러그(Harold G. Rugg, 1883-1957)에게 쓴 편지도 네 번째 타입으로 볼 수 있다. 헐버트는 편지에서 일본이 한국 역사 관련 고서를 수천 권을 불태워서 한국 역사에 관련된 책이 많이 소멸되었는데 자신이 수집한 책을 기증하겠다는 내용을 적고 있다.

여섯 번째는 특이한 내용의 편지 컬렉션인데, 수신인이 한국인 김용기이기 때문이다. 김용기는 이승만 계열의 해외 독립운동가로 이승만 대통령 때에 초대 이탈리아 대사를 지냈다. 그가 미국에서 독립운동을 하는 시절, 그는 당시 미국인들에게 한국을 알리려는 강연을 준비하였는데 이를 위해 헐버트를 강사로 초청한다. 이에 헐버트가 승낙을 하

---

68) 스미스소니언 프리어 갤러리 아카이브에 소장된 알렌의 편지는 Freer가 개인 미술수집가이었을 때 주고받은 편지이기 때문에 단체가 아닌 개인 유형에 포함되었다.

69) 현재 이 고문헌는 캘리포니아 클레어몬트대학교(Claremont Colleges) 도서관에 소장되어 있고 게일 선교사의 편지는 토론토대학교 도서관에 있다.

70) 고종이 선물로 준 고려자기 등을 포함해 알렌은 여러 한국 미술품을 수집했는데(손영옥, 2016, p.55) 1907년 프리어가 알렌에게 구입해 현재 워싱턴 DC소재 스미스소니언 박물관 중에 하나인 Freer Gallery of Art and Arthur M. Sackler Gallery에 있다.

면서 강연 날짜를 조율하는 편지가 남아있다. 이 편지는 UCLA에 소장되어 있는 Hei-Sop Chin Collection[71]에 포함되어 있다.

요약하면, "개인-B" 유형 속한 31개의 컬렉션은 내한 선교사 편지 중에서 특이한 타입의 편지들이다. 본 연구에서는 이러한 편지들을 개인적인 것으로 분류하였지만, 이는 교단과 관련된 선교 업무와 활동에 관한 편지가 아니라는 점에서 개인적으로 본 것이다. 따라서 "개인-B" 유형의 편지들은 사전적 의미로 개인적인 편지에 해당하는 "개인-A" 유형과는 상당히 다른 내용들이다. 본 연구는 "개인-B" 유형을 수취인의 타입에 따라 6가지 세분하여 보았다. 이는 연구자의 편의를 위하여 쉽게 31개의 컬렉션을 개관한 것이다. 이미 언급한 대로 "개인-B" 유형에 속하는 컬렉션이 형성된 배경에는 수취인의 사회적 중요성, 소위 유명인이라는 요소를 뺄 수 없다. 따라서 이들이 내한 선교사에게 받은 편지는 내한 선교사 편지 연구에 관련하여 특별한 무게를 둘 수 있을 것이다. 이 유형의 편지들 다른 유형의 편지들이 포함하고 있지 않는 내한 선교사들의 넓은 활동 모습을 보여 주고 있다.

(3) "개인-C" 유형: 후손이 수집한 경우

"개인-C" 유형의 특징은 여러 수취인들이 소장하던 편지들이 후에 특정한 수집인에 의해서 한 곳으로 모아져서 기록관에 기증되어 형성된 컬렉션이다. 현존하는 136개의 컬렉션 중에 "개인-C"에 속하는 것은 네 개뿐인데, 모두 한국에서 태어난 내한 선교사의 자녀가 자신의 부모

---

71) 진희섭은 언론인, 교육가, 사업가로서 40년여가 모은 재미한인 역사자료를 1997년에 UCLA에 기증했다. 총 45개 상자의 방대한 규모의 컬렉션은 특히 1918-1919년 파리 강화회의, 1921-1922년 위싱턴 회의에서 활동했던 독립운동가들의 활동이 기록된 '국민보'가 있다. 또한 김영기가 이승만, 서재필 등과 교환한 편지도 포함되어 있다.

가 남긴 업적을 보존할 목적으로 계획적으로 관련 자료들을 모아 형성한 자료 안에 포함되어 있다. 첫 번째 예는 '헬렌 프레이저 맥레 퐁(Helen Fraser MacRae Fonds)'으로 캐나다의 노바스코샤 주에 있으며, 두 번째는 '마펫-코리아 컬렉션(Moffet-Korea Collection)'으로 미국 뉴저지주 프린스톤신학교 안에 있고, 세 번째는 '매큔-베커 컬렉션(McCune-Becker Collection)'으로 미국 하와이대학교에 소장되어 있다. 네 번째는 오하이오 웨슬리안대학교에 소장된 '노블가족문서(Noble Family Papers)'이다.

내한 선교사들의 후손 중에는 대를 이어 한국에서 선교활동을 하면서 선교사 가문을 이룬 예가 적지 않다. 대부분의 내한 선교사들은 한국 땅에서 2세를 출산하였고 이들은 선대의 영적인 유산을 이어받아 여러 모습으로 한국 선교를 이어갔다. 언더우드처럼 4대가 한국 선교에 공헌한 경우도 있고, 2대가 한국에서 활동한 경우는 흔하다. 내한 선교사들의 후손들은 한국에서 태어나 한국에서 기본 교육을 받았기 때문에 한국문화와 언어를 잘 익히고 있었고, 한국에서 선교하던 다른 선교사들과 잘 알고 있었기 때문에 부모들과 관련된 자료를 비교적 용이하게 수집할 수 있었다.

"개인-C" 유형을 대표하는 컬렉션인 '헬렌 프레이저 맥레 퐁'은 초기 캐나다장로교의 대표적인 선교사였던 던컨 맥레(Duncan M. MacRae, 1868-1949)의 딸인 헬렌(Helen F. MacRae, 1910-2001)이 아버지와 어머니 이디트 맥레(Edith S. MacRae, 1875-1956)의 선교 사업 및 동시대 캐나다 장로교 소속 선교에 대한 기억을 보존하기 위해 캐나다 정부의 지원을 받아 프로젝트를 진행하면서 수집한 자료로 형성된 컬렉션이다. 이 컬렉션에 포함되어 있는 자료들은 편지, 일기, 수첩, 노트, 회의록, 보고서뿐만 아니라 사진,[72] 환등 슬라이드, 카세트테이프, 마이크로필름, 지도 등으로 총 6.2미터의 방대한 양이다. 수집자인 헬렌은 아버지 던컨이

1898년 캐나다 장로교의 파송을 받고 함흥을 중심으로 활동했던 시절인 1910년 함흥에서 태어나서 중학교까지 한국에서 교육을 받았고, 고등학교 교육을 위해 일본으로 갔다가 대학은 캐나다에서 마친다. 이후 캐나다에 남아서 30년이 넘게 교사로 일하다가 은퇴한다. 그녀는 1971년에 캐나다 의회지원금(Canada Council grant)을 받아 1972년에 한국에 들어와 6개월 동안 캐나다 선교사들에 관련된 다양한 자료를 수집한다(MacRae, 1993, p. xi). 이 기간 동안 헬렌이 확보한 자료에는 한국 선교를 위해서 수고하였던 다양한 사람들의 구술사도 포함되어 있다. 이는 한국 선교는 물론 당시 한국 사회 전반을 살펴볼 수 있는 흥미로운 자료이다. 총 110개의 카세트테이프로 구성되어 있는 구술사 컬렉션에는 함흥에서 의료 선교를 했던 플로렌스 머레이 및 해주결핵요양원을 설립한 셔우드 홀(Sherwood Hall, 1893-1991)의 인터뷰가 포함되어 있다. 또 한국인으로 인터뷰한 인물 중에는 함경도와 만주 용정지역 출신인 전택부, 임옥인, 문재린, 문익환 등이 있다. 이 자료는 1984년에 캐나다 노바스코샤기록관(Nova Scotia Archives)에[73] 기증되었다.[74] 그녀는 이 프로젝트를 수행하면서 내한 선교사 및 한국 교회의 상황에 대한 광범위한 자료를 수집하였는데 이를 토대로 "A Tiger on Dragon Mountain"(1993)을 저술하였다.[75]

---

72) 사진은 '캐나다 선교사가 본 한국, 한국인' 이라는 '독립기념관 소장 사진자료집 II'으로 발행되기도 했다. (독립기념관, 2013, p.243) 조선시대 말기 함흥의 모습, 노일전쟁, 일제의 만행, 만세 운동, 서양식 병원과 학교의 모습이 담겨있는 모습의 귀중한 사진들이다.

73) '새로운 스코틀랜드'라는 뜻을 가진 '노바스코샤' 주는 캐나다 동부에 위치한 주이다. 노바스코샤기록관(Nova Scotia Archives)은 주정부 '커뮤니티문화유산부서(Department of Communities, Culture and Heritage)' 소속 기관이며, 1857년에 설립되어 정부기록관으로서는 캐나다에서 현재 가장 오래 계속적으로 운영되고 있는 기관이기도 하다.

74) 연행간행물은 헬렌의 모교인 Dalhousie University에 기증되었고, 풋트(William R. Foote, 1869-1930)선교사의 자료는 풋트의 친척에 의해 기증되었다. (H. MacRae Fonds, Finding aid)

'헬렌 프레이저 맥레 퐁(Helen Fraser MacRae Fonds)'이 포함되어 있는 편지 중 관심을 둘 것은 로버트 그리어슨(Robert G. Grierson, 1868-1965)이 1908년부터 1949년까지 던컨 맥레에게 무려 41년 동안 보낸 편지의 묶음이다.[76] 그리어슨은 1898년에 한국에 도착하여 1934년까지 함경북도 성진(오늘의 김책시)[77]에서 활동했던 캐나다 장로교 한국에 파송한 첫 의료 선교사이다(이만열, 2003, pp.130-134). 특히 이 편지 묶음 중에는 그리어슨이 은퇴한 후 캐나다로 돌아가 재적응하면서 경험했던 애환을 담은 편지도 있어 마음에 울림을 준다. 내한 선교사 중에는 장기적으로 선교를 하고 귀국하면서 선교사로서 은퇴할 뿐 아니라 사회인으로 은퇴해야 하는 경우가 종종 있었다. 이들은 평생을 한국 땅에서 살았기 때문에 은퇴 후 귀국을 하여, 본국 생활이 낯설어 재적응을 위하여 고생하였다. 또 이들은 귀국 후에도 한국에 대한 애정이 남달랐었다. 그리어슨의 편지는 한 평생을 한국 땅에 바친 의사 선교사의 애절한 은퇴 이야기와 쉽지 않았던 은퇴 이후의 삶의 이야기들이 고스란히 담겨있다. 특히 그가 죽음을 앞두고 그의 옛 동료 맥레에게 보낸 편지에는 은퇴 이후에도 한국을 그리워하며, 한국을 사랑했던 선교사들이 있었음을 보여준다. 캐나다로 돌아온 그리어슨은 침실에 걸어 놓은 성진의 파노라마 사진을 보면 목이 메올 때가 있다고 쓴다.[78] 또한 1938년 겨울에는 집에서 배추 200포기로 김장을 담아 땅에다 묻었다고 하며, 그의 집은

75) 2010년에 "팔룡산 호랑이: 던칸 M. 맥레 목사의 삶"(한신대학교 출판부)으로 한국어로 번역되어 출판되었다.

76) 그리어슨에 관해서는 그가 쓴 일기와 일화를 모아 놓은 책, 『조선을 향한 머나먼 여정: 로버트 그리어슨의 선교일화와 일기』(2014, 한신대학교 출판부) 참조.

77) 함경북도 성진시는 1951년 2월부터 일제강점기 북한의 항일투사였던 김책(金策, 1903-1951)의 이름을 따서 김책시로 개칭했다. (한국민족문화대백과사전)

78) Robert Grierson to Duncan MacRae, April 19, 1936. (Helen Fraser MacRae Fonds, Nova Scotia Archives)

한국 음식을 그리워하는 옛 선교사들의 메카가 될 것이라고 하였다.[79] 그리어슨의 편지 외에도 플로렌스 머레이가 한국에 도착하여 캐나다 가족들에게 보낸 편지 묶음에는 1920년대 초반 한국의 모습이 많이 포함되어 있기도 하다.

"개인-C" 유형에 속하는 두 번째 컬렉션은 미국 뉴저지 프린스턴신학교(Princeton Theological Seminary) 도서관에 소장되어 있는 '마펫-코리아 컬렉션(Moffett-Korea Collection)'이다. 이는 1890년부터 평양을 중심으로 활동하였던 한국 선교를 대표하던 인물 중에 하나인 사무엘 A. 마펫에 관한 자료를 중심으로 한국 선교 관련 자료를 모아 놓은 방대한 컬렉션이다. 이 컬렉션은 아버지와 같은 이름을 가졌으며(middle name만 다르다), 대를 이어 한국에서 선교했던 아들 사무엘 H. 마펫(Samuel Hugh Moffett, 1916-2015)과 그의 아내 일레인 마펫(Eileen F. Moffett, 1928~)이 북장로교 동료 선교사들의 도움을 얻어 수집한 자료이다. 아들 사무엘은 평양외국인학교 출신이어서 다른 내한 선교사의 자녀들과 동창이었고, 이 관계망을 통해서 그가 수집하고자 했던 자료들을 적극적으로 모을 수 있었다.

'마펫-코리아 컬렉션'은 250개의 박스 분량이며 5개의 시리즈로 구성되어 있다. 5개의 시리즈 이름은 다음과 같다: (1) Samuel A. Moffett (2) Korea Materials (3) Samuel H. Moffett (4) Moffett Family (5) Non-Print Materials. 이 컬렉션 안에 보존되어 있는 편지 수는 500통이 넘을 것으로 추정된다. 이 편지들은 유일본뿐만 아니라 교단 해외선교부의 보낸 편지의 사본도 많이 포함되어 있으며, 사본의 경우 원본은 교단 문서 컬렉션("단체-A"유형)을 통하여 접할 수 있다. '마펫-코리아

79) Robert Grierson to Duncan MacRae, December 20, 1938. (Helen Fraser MacRae Fonds, Nova Scotia Archives)

컬렉션'은 1990년대에 형성되기 시작하였고 아직도 수집이 진행 중이다. 2013년 프린스턴신학교 도서관은 헨리 루스 재단(Henry Luce Foundation)으로부터 150만 달러 재정 지원을 받아 '마펫-코리아 컬렉션'를 디지털화하기 시작했다.[80] 마펫에 대해서는 국내에서도 연구가 활발하게 진행되고 있고 그 결과 마펫-코리아 컬렉션은 국내 연구자에게 비교적 잘 알려진 자료이다.

세 번째 자료는 '매큔-베커 컬렉션(McCune-Becker Collection)'으로 하와이대학교 한국학연구소에 소장되어 있다. 이 컬렉션은 평양북도 선천과 평양에서 활동했던 조지 섀넌 매큔(George Shannon McCune, 1873-1941) 선교사의 며느리 에블린 베커 매큔(Evelyn Becker McCune, 1907-2012)에 의해서 수집된 자료로 형성되었다. 에블린은 조지 매큔의 며느리이면서 동시에 연희전문대학교 부교장을 역임했던 아서 베커(Arthur L. Becker, 1879-1978) 선교사의 딸이기도 하다.[81] 에벌린은 헬렌이나 마펫과 같이 계획적으로 자료를 수집한 것이 아니고 집안 두 어른의 문서를 자연스럽게 소장하고 있다가 기증한 것이다.

이 컬렉션의 핵심 자료는 시아버지 조지 섀넌 매큔 선교사가 다양한 발신인으로부터 수신하여 보관하던 편지들의 묶음이다. 매큔은 미국 북장로교가 파송한 교육 선교사로 선천 신성학교와 평양 숭실학교의 교장으로 활동했다. 그는 1905년 32세의 나이로 입국하여 1936년 63세의 나이로 영구 추방되는데, 그가 최종적으로 추방된 1936년은 일제강점기

---

80) Princeton Theological Seminary: Acknowledgement, Henry Luce Foundation. 〈http://commons.ptsem.edu/ack#luce〉(검색일: 2020.6.8)

81) 미국 감리교단이 한국에 파송한 첫 교육선교사인 Arthur L. Becker와 Louis Becker(음악교사)의 첫 딸로 평양에서 출생한다. 한국에서 성장한 그는 UC Berkeley (BA & MA)에서 공부하고 이후 연세대 명예박사 학위를 받는다. 남편 George McAfee McCune은 한국학 전문가이며 역사가였는데 심장병으로 40세에 요절한다.

중에서도 신사 참배가 강요되기 시작하던 해였다. 그는 영구 추방을 당하기 전에도 이미 2차례 추방을 경험한다. 첫 추방은 105인 사건의 중심 인물이었다는 죄목으로 1911년에 발생했으며, 재차 귀국 후 두 번째로 추방되는데, 이는 3·1 만세 운동의 핵심 배후 인물로 지목되었기 때문이었다. 그는 1928년에 세 번째로 입국하여 평양 숭실학교 교장으로 활동하다가 1936년 신사 참배가 강요되자 이에 강하게 반발하다가 세 번째, 곧 영구 추방을 당한다(박용규, 2004, pp.692-702). 이런 억압의 과정을 경험하면서 조지 매큔은 전국에 있는 많은 동료 내한 선교사들에게 편지를 받게 된다.

매큔-베커 컬렉션은 다음과 같은 총 6개의 시리즈 문서로 구성되어 있다.

(1) George Shannon McCune Papers(북장로교 선교사); (2) George McAfee McCune Papers(첫째 아들, 한국학자); (3) Evelyn Becker McCune Papers(첫째 며느리); (4) Arthur L. Becker Papers(북감리교 선교사, Evelyn의 아버지); (5) Shanon B. McCunePapers(매큔의 둘째 아들, 지리학자); (6) Robert McCune Kingdon Papers(매큔 외손자, 교회사 학자).

'매큔-베커 컬렉션'의 규모는 거대하다. 6개의 시리즈 문서 중에 한국 선교 관련 자료가 가장 많은 것으로 알려진 '조지 S. 매큔 문서'에만 무려 56박스 분량의 자료가 있다. 이 자료에는 그가 한국에 도착해서 사용했던 한국어 언어교육자료, 신성중학교와 숭실학교에서 사용했던 교육, 행정 자료 등이 포함되어 있다. 나아가 독립운동에 관련된 자료들도 있다.

마지막 '개인-C' 유형 자료는 오하이오 웨슬리언 대학교(Ohio Wesleyan University) 도서관에 있는 오하이오연합감리교보존기록관(Archives of Ohio United Methodism)의 '노블 가족 문서'(Noble Family Papers, 1919-

1922)이다.[82] 이는 위의 3개의 컬렉션보다 훨씬 작은 규모이지만, 서울에서 활동하던 선교사 부모가 겪었던 3·1운동을 주제로 모은 자료라서 의미가 있다. 윌리엄 노블(William A. Noble, 1866-1945)과 그의 아내 매티(Mattie W. Noble, 1872-1956)는 미국 북감리교단을 대표하는 초기 내한 선교사로 1892년에 한국에 입국하여 서울과 평양에서 활동하다 1934년에 은퇴하기까지 42년간 한국에서 활동한 인물들이다. 그들의 아들인 해롤드(Harold J. Noble, 1903-1953)는 한국에서 태어나 성장하였고 미국으로 건너가 교육을 받고 역사학자가 된다. 해롤드는 한국 역사에 관련된 논문으로 박사학위를 마치고 오리건대학교의 교수가 되었는데, 한국전쟁 때에는 내한하여 미대사관 1등서기관으로 활약하기도 했다. 그가 수집하여 소장하다가 모교인 오하이오웨슬리안대학교에 기증한 것으로 추정되는[83] '노블 가족 문서'에는 3·1운동과 관련된 자료만을 모아 놓은 컬렉션이 있다. 이 문서는 세 개의 시리즈로 구성되어 있는데, 3·1운동에 관한 자료는 첫 시리즈에 있으며, 이 시리즈의 타이틀은 "내러티브, 1919"이다. 타이틀이 보여 주듯, 이 컬렉션은 3·1운동을 목격한 증인들이 기술한 12편의 '증언 자료'를 모아 놓은 것이다. 이 중에는 1919년 5월 29일 함흥 제혜병원에서 의사 선교사로 일하던 맥밀런(Kate McMillan, 1868-1922)이 작성한 편지의 일부가 발췌되어 있고, 3·1운동 중에 부상을 당한 한국인을 치료했던 상세한 기록이 담겨 있다. 또한 이 컬렉션에는 3·1운동 당시 세브란스의학전문학교 학생이자 노블 선교사의 비서로 일하기도 한 김봉렬(金鳳烈, 1897-?)이 3·1운동에 참여했다가 6개월 실형을 받고(연세대학교 의과대학 의사학과, 2019, p.386) 서대문 형무소에서

---

82) 해롤드 노블의 개인 문서(Harold Joyce Noble Papers)는 그가 박사학위를 받은 UC Berkeley와 교편을 잡았던 University of Oregon에 나뉘어 소장되어 있다.

83) Noble Family Papers, Finding Aid.

수감되어 있을 때 매티 노블 앞으로 보낸 영문 노트도 있다. 감옥으로부터 밀반출되어[84] 매티에게 전달되었다가 아들 노블에 의해서 수집되어 이 컬렉션에 포함되었다. 이 노트에는 3월 만세운동에 나섰다가 수감된 또 다른 인물인 이봉갑이 다른 방에 수감되어 있으나 건강하다고 적혀있다. 이봉갑은 김봉렬과 같이 노블 선교사의 비서이고 신학교 학생이었다. 김봉렬은 "나의 삶은 주마등처럼 스쳐 지나가고 있습니다. 때로는 슬프도록 힘들지만 실망하지 않습니다. 하나님이 살아계시고 새로운 소망을 주시기 때문입니다"라고 술회하였다.[85]

요약하면, "개인-C" 유형은 비록 4개의 컬렉션뿐이지만 이에 포함된 편지의 숫자는 1,000통이 훨씬 넘을 것으로 추정되며, 내용도 연구 가치가 높은 것들이다. 특히 이 유형은 본 연구가 지향하는 선교사 편지 컬렉션들을 일정한 유형에 따라 분류하여 이를 그룹으로 특정화 하여서 연구하려는 것과 비슷한 방향으로 진행한 선행 사례라고 볼 수 있다. 예컨대 헬렌 맥레 퐁에는 20세 초에서 중반까지 함경도에서 선교하던 캐나다인들에 대한 종합적인 자료 컬렉션이다. 그 당시에는 오직 선교사의 자녀들만이 이런 수준의 수집을 할 수 있었다. 하지만 현재는 디지털의 기술을 잘 사용한다면 "개인-C" 유형과 같은 종합 컬렉션을 형성할 수 있는 가능성이 열려 있다. 2부에서 다룰 내한 선교사 편지의 디지털 아카이브 구축에 관한 구체적인 방안을 염두에 둔다면, "개인-C" 유형의 연구적인 가치를 파악하고 있어야 할 것이다.

---

84) 매티 노블은 "수감되어 있는 학생 비서들의 옷을 정기적으로 감옥에서 받아와 빨아서 다시 감옥에 넣어" 주었다고 일기에 기록했다.(노블, 2010, p.274)

85) Kim Pong Nyul to Mattie Noble, 1919, (Noble Family Papers, Ohio Weslyan University Library) "I miss you very much and my life's passing away just like the moving picture. Sometimes I feel very trouble with sorrow but I am not [discouraged] for God is live and He gives me new hopes."

6. 사례 연구: 호남의 의료 선교사의 편지 분석(1904-1910년)

5가지 유형 중, 연구적 가치이라는 측면과 연구의 단기적 실효성이라는 측면에서 가장 먼저 관심을 두어야 할 대상은 "개인-B" 유형일 것이다. "단체-A" 유형은 매우 방대하며, 내용이 업무적인 것이 많아서 선교사 편지 연구의 기본 자료이면서 동시에 이를 총체적으로 연구하는 것은 길고 고단한 작업이기 때문에 총체적인 연구보다는 선택과 집중이 필요하다. 마찬 가지로 "개인-A" 유형은 전체 136개 컬렉션 중 68개가 이 유형에 속함으로 양은 많지만, 내용은 사적인 것이라 연구적 가치는 높지 않을 수 있다. "개인-C" 유형은 자료적 가치로 우수하다. 그런데 이미 컬렉션이 형성될 때부터 이에 속한 자료들이 체계적으로 관리되고 있고, 소장 기관이 이 자료들의 디지털화를 진행 중이거나 진행할 예정으로 보인다. 따라서 본 연구가 지향하는 디지털 아카이브 구축 전략에서는 우선순위는 아니다. 이렇게 세 가지 유형을 제외하면, "개인-B" 유형과 "단체-B" 유형이 남는다. 이 두 유형의 컬렉션은 본 연구가 향후 지향하는 선교사 편지 연구 및 이를 통해 디지털 아카이브를 구축하는 데 우선순위가 될 전망이다. 6장에서는 "개인-B" 유형으로 분류된 알렉산더 가족 문서(Alexander Family Papers)의 일부 편지들을 연구 분석할 것이다.

1) 알렉산더 가족 문서

알렉산더 가족 문서는 19-20세기 미국 켄터키 지역에서 가장 유력한 집안 중에 하나이었던 알렉산더 가문이 5대에 걸쳐 보관하던 자료를 후손이 켄터키역사학회(Kentucky Historical Society)에 기증하여 이루어진 140박스 규모의 대형 컬렉션이다. 총 5개의 시리즈로 되어 있는데

이 중 4번째 시리즈는 1902년 한국에 왔었던 의료 선교사 알렉산더 존 애치슨 알렉산더(Alexander John Aitchison Alexander, 1875–1929)가 소장했던 편지를 포함하고 있다.

알렉산더는 미국 남장로교가 호남 지역으로 파송했던 의사 선교사였다. 그는 매우 부유한 집안 출신이며, 좋은 학력을 가지고 있었다. 하지만 그는 한국에 온지 불과 두 달 만에 한국 선교를 접고 귀국하여야 했다(1902.12–1903.2). 아버지의 갑작스런 사망으로 인해 엄청난 가산을 관리해야 했기 때문이다(이만열, 2003, p.102). 선교사로서의 활동은 조기에 막을 내렸지만, 귀국 후 그는 한국 선교를 위한 막대한 후원자가 되어 한국 선교에 중요한 영향을 미쳤다.[86] 그는 잠시 한국에서 활동하던 동안에 알게 된 동료들에게 알찬 물질 후원을 하였고 때로는 정신적인 지주가 되었다. 나아가 본인이 못 다 이룬 선교 꿈을 이루기 위하여 한국인 청년을 물색하여서 미국 유학을 시킴으로, 그 당시로는 기대하기 어려웠던 미국 유학파 한국인 의사가 탄생한 것이다. 이렇게 알렉산더에 의해서 키워진 인물이 세브란스의학전문학교의 2대 학장이었던 오긍선이다.[87] 이외에도 그는 한국 선교를 위해서 미국 내에서 한국으로 파송할 선교사 후보생을 모집하고 후원하였다.[88]

5장에서 '가족문서'는 "개인–A" 유형으로 분류되었으나 알렉산더 가

86) 남장로교 해외선교부 서기였던 S. H. Chester가 알렉산더에게 보낸 많은 편지에는 알렉산더가 남장로교로 보낸 후원금에 대한 확인과 감사의 내용이 언급된다. 예를 들어 1905년 3월 편지에는 호남 의사 선교사 놀란과 포사이드의 6개월분 급여 633.34 달러를 받았다는 내용이 있다. S, H. Chester to A. J. A. Alexander, March 4, 1905.(Alexander Family Papers, KHS)

87) 오긍선이 알렉산더에게 보낸 편지에 관해서는 한미경, 이혜은의 논문 (2019)을 참조.

88) 의사 선교사 놀란(Nolan)은 알렉산더의 강연을 듣고 한국 선교에 관심을 갖게 되었던 대표적인 인물이다. Joseph Nolan to A. J. A. Alexander, April 1, 1904.(Alexander Family Papers, KHS)

족문서는 예외적으로 "개인-B" 유형으로 분류하였다. 알렉산더 가족 문서에는 세 가지 면에서 다른 가족 문서와 다르기 때문이다. (1) 알렉산더 가문은 당시 사회의 매우 유력한 집안이었기 때문이다. 이들의 사회적인 영향력은 "개인-B" 유형의 대표적인 특징과 일치한다. 곧 사회 유력자들이 수취인이라는 점이다. (2) 알렉산더는 자신이 한국에 의료 선교사로 활동한 경험이 있어 본국으로 귀국한 후에도 다른 내한 의료 선교사의 자문 역할을 한다. '자문 역할' 또한 "개인-B"의 특징이다. (3) 그는 또한 물질로 한국 선교를 도왔다. 따라서 그가 수취한 편지의 상당한 내용은 후원 혹은 후견과 관련된 것이다.

정리하면, 한국에서 선교활동을 했던 알렉산더는 한국 선교에 관련하여 수많은 편지를 받았다.[89] 그의 사회적 위치, 재력 그리고 한국에 대한 남다른 애정 등을 고려하면, 그가 수취했던 편지들의 자료적 가치는 상당히 높다고 할 수 있다. 이 컬렉션은 편지의 수도 상당하지만, 앞서 언급한 대로, 편지 내용의 독특성 또한 연구자들의 관심이 대상이 된다. 알렉산더 가족 문서에 포함되어 있는 내한 선교사들이 쓴 편지 중에서는 동시대에 호남에서 선교 활동을 하였던 세 명의 의사 선교사가 작성한 편지가 있어 흥미롭다. 이들이 1904-1911년 사이에 작성한 편지 54통을 연구 분석해 보려 한다. 이는 본 연구가 추구하는 선교사 편지 연구의 의미 있는 사례가 될 것이다. 54통의 편지 자료를 소개하고 내용을 연구 분석한 결과를 기초로 이 자료들을 어떻게 시각화할 수 있는지에 대한 방법을 9장에서 제안할 것이다.

89) 이외에도 호남에서 활동하던 벨(Eugene Bell, 1868-1925), 불(William Bull, 1876-1941), 전킨(William Junkin, 1865-1908), 맥커천(Luther McCutchen, 1873-1960), 레이놀즈(William Reynolds, 1867-1951) 등 남장로교 선교사들과 서울의 H. G. 언더우드, 브로크만(Fletcher Brockman, 1867-1944), 질레트(Phillip Gillett, 1874-1939) 등과 나눈 편지가 소장되어 있다.

2) 세 명의 의사 선교사 편지들의 자료적 가치

미국 남장로교는 1904년 한국에 3명의 의사를 거의 동시에 파송한다(이만열, 2003, p.205). 토마스 다니엘(Thomas H. Daniel, 1879-1964)은 군산으로, 와일리 포사이드(Wylie H. Forsythe, 1873-1918)는 전주로, 조셉 놀란(Joseph W. Nolan, 1880-1954)은 목포로 갔다(〈표 10〉 참조). 당시 남장로교는 군산, 전주, 광주, 목포에 선교지부(station)를 세우고[90] 복음, 의료, 교육 등을 포함하는 총체적인 선교를 하였기 때문에 각 선교부에는 최소 1명씩의 의사가 필요했다. 1904년 호남지역에 동시에 파송된 3명의 의사는 1904년부터 미국에 있던 알렉산더에게 정기적으로 편지를 썼다. 세 명이 의사가 1904년부터 1910년까지 알렉산더에게 보내어, 알렉산더 가족 문서에 소장되어 있는 편지는 모두 97통이다. 아래 〈표 10〉에서 보듯, 다니엘이 작성한 편지가 10통, 놀란이 작성한 편지가 28통, 포사이드가 작성한 편지는 총 59통이다. 하지만 포사이드 경우에는 그가 1906년에서 1909년까지 부상으로 인해 미국에 있었기 때문에 한국에서 작성한 16통의 편지만 본 연구의 대상으로 삼으려 한다.

〈표 10〉 알렉산더와 편지를 나눈 호남 의료선교사들(1904-1910)

	다니엘 Thomas Henry Daniel	포사이드 Wylie Hamilton Forsythe	놀란 Joseph Wynne Nolan
생몰년도	1879-1964	1873-1918	1880-1954
활동지역	군산, 전주, 서울	전주, 목포	목포, 광주
한국 선교기간	1904-1917	1904-1911	1904-1907
출신지역	버지니아	캔터키	캔터키

90) 이후 1913년에는 순천에도 남장로교 선교지부가 설립되었다(순천시, 2010, p.31).

출신학교	University of Virginia Medical School	Hospital College of Medicine	University of Louisville Medical School
편지 수	10	16 [59]	28
총 편지수	54		

54통의 편지들은 내한 선교사 편지 연구에서 독특한 자료이다. 같은 기간에 전주, 광주, 목포에서 활동하던 세 명의 의료 선교사가 동일한 수신인에게 보낸 편지들이기 때문이다. 그 당시 한국에는 각 교단에서 파송한 여러 명의 의사 선교들이 활동하고 있었다. 하지만, 같은 교단의 파송을 받아 비슷한 지역에서 활동했고, 나이나 경력이 비슷한 의사들이 같은 개인 후원자요 멘토에게 편지한 사례는 많지 않을 것이다.

또 54통의 편지는 각각 다니엘, 포사이드, 놀란에 대한 연구에도 소중한 자료이다. 이 세 명의 의사들에 관하여 국내 연구자들에게 알려진 자료는 상대적으로 적기 때문이다. 토마스 다니엘은 1904년 남장로교가 파송한 의료 선교사로 군산과 전주를 중심으로 활동했다. 지금도 존속하고 있는 전주예수병원의 3대 원장을 지내면서, 이 병원의 실제적 기초를 놓은 인물이다(이만열, 2003, p.406). 그러나 그의 선교와 업적에 관한 연구는 상대적으로 미미하다고 할 수 있다.

포사이드에 대해서도 역시 충분한 조명이 이루어지지 않았다. 차종순(2002)은 "호남 영성의 원류를 찾아서"라는 시리즈 논문으로 호남 지역의 선교 역사를 연구했는데 첫 편을 포사이드로 시작하면서, 포사이드의 중요성을 부각하였다. 특히 포사이드는 한국에서 내국인에 의해서 테러를 당한 유일한 선교사였고,[91] 한국 땅에서 얻은 지병으로 일찍 별세한

91) 포사이드는 1904년 9월에 내한하였다가 1911년 4월 지병을 얻어 영구 철수한다. 1904년에 입국한 포사이드는 이듬해인 1905년 3월 환자를 돌보기 위해서 출장 진료를 하는 중에 내국인에 의해서 공격을 받아 귀가 잘리는 큰 부상을 입었다(이만열, 2003, p.208).

다. 비록 그의 선교 기간은 짧았지만, 이 기간 동안 보여 준 자기희생적 사역이 돋보이며, 한국에서 한센병에 대한 관심과 치료가 시작되는 일에 일익을 담당하였다. 그 결과 그는 여수애양병원의 1대 원장으로 추대되었다.[92]

세 번째 인물인 조셉 놀란은 의사 선교사로서의 업적만 본다면 포사이드나 다니엘에 비하면, 높게 평가받지 못하고 있다.[93] 그러나 알렉산더 가족 문서에 보존된 그가 남긴 28통의 편지는 세 명의 의사 선교사 편지를 자료적 가치로 평가한다면 가장 주목할 만한 자료이다. 다니엘 및 포사이드의 편지와는 달리 당시의 상황 및 자신의 경험에 대해서 상세하게 기록하고 있기 때문이다. 놀란의 28통의 편지도 연구자료가 역시 빈약한 현실에서 중요한 자료가 될 것이라 예상한다.

3) 세 명의 선교사 편지 연구 및 분석

(1) 토마스 다니엘(Thomas Daniel)의 편지 개관 및 분석

알렉산더 가문 컬렉션에 보존되어 있는 다니엘이 쓴 편지는 총 10통으로 1904년 10월 7일부터 1909년 7월 6일까지 약 5년 9개월의 기간에 작성한 것인데, 이중 5통은 타이프로 작성되어 있고, 나머지 5통은

이 사건은 당시 국내외의 선교사들과 선교 단체에 엄청난 반향을 일으켰다. 그가 왕진을 가서 한국인 환자를 치료하고 저녁에 환자의 집에서 쉬는 도중에 테러를 당했던 사건은 전북 김제 망골이라는 지역에서 발생했는데, 이 곳은 그 당시 동학농민혁명이 일어났던 곳이라 이 사건이 동학 계열의 폭도일 수 있다는 의견이 개진되었다. 포사이드는 당시 선교사들이 입던 정장차림을 하고 있었는데, 그 모습이 일본 경찰과 흡사하였기 때문이다(김승태, 박혜진, 1992, p.256). 그런데 이 사건의 결과로 호남 선교는 위축된 것이 아니라 더욱 탄력을 얻어서 지역 양반들까지 교회에 출석하는 계기가 되었으며, 전주 지역 선교에 획기적인 발전이 이루어지게 된 계기가 되었다(Brown, 1962, p.64).

92) 여수애양병원. 병원소개: http://www.wlc.or.kr/ (접속일: 2020.6.8.)

93) 놀란은 1907년 선교사직을 사임하고 곧 평안북도 운산광산으로 가서 주치의로 1915년까지 일했다(양국주, 2018, p.67).

손으로 쓴 것이다.(〈표 11〉 참조)

〈표 11〉 다니엘이 알렉산더에게 보낸 편지 리스트

	날짜	보낸 지역	내용
1	1904/10/07	군산	연례회의 참석; 후원 감사
2	1904/10/19	군산	보낸 편지 주소 틀림
3	1905/01/30	군산	후원자 모두에게 보내는 편지
4	1905/10/11	군산	군산 병원 건축; 교회 부흥; 간호사; 후원 감사
5	1906/01/30	군산	군산 병원 14개의 침대; 자원봉사자; 많은 환자
6	1906/12/07	군산	군산 병원 건축
7	1907/10/17	군산	오긍선의 활동
8	1909/02/11	군산	한국인 청년 미국 유학보내기
9	1909/02/16	군산	유학생 여권발행: 일본 비협조
10	1909/07/06	보스턴	미 정치인에게 항의 편지 부탁

다니엘이 쓴 10통의 편지는 대부분이 의료 활동에 관한 내용으로, 알렉산더가 군산 지역에 의료 선교가 발전되도록 병원 설립과 병원의 기자재를 공급하였음을 알려 준다. 1905년 10월 11에 쓴 편지에서 다니엘은 알렉산더가 지원한 선교 지원금으로 진료소(dispensary) 수준이던 의료 시설을 병원(hospital)의 모습으로 발전시킬 수 있었다고 쓴다. 이 편지에 의하면, 알렉산더는 원래는 병원 관련 기구가 아닌 군산 연안과 강을 따라 복음 전도를 위한 작은 배(launch)를[94] 군산 선교부에 기증을 하고 싶어 했다. 당시 호남의 의료 선교에 대하여 널리 알려진 사실에

94) 얼(Alexander M. Earle, 1873-1940) 선교사가 작성한 1905년 군산 선교활동 보고서에 의하면 금액이 700불이라고 한다(Kunsan Station Report, p.6).

의하면, 알렉산더의 전임자였던 의사 드루(A. Damer Drew, 1859-1926)는 군산에서 "작은 배를 타고 금강과 만경강을 오르내리며 진료"하였다(송현강, 2011, p.51). 비록 이 편지에 드루에 관한 내용은 언급되어 있지 않지만, 식견이 있는 연구자들은 알렉산더가 왜 배를 기증하고 싶었는지 쉽게 파악할 수 있다. 그러나 다니엘은 편지를 통하여 알렉산더의 지원금으로 당시 건립 중인 병원을 짓는데 사용하기로 했다고 전한다.

이 편지의 가치는 다니엘이 당시 건립되고 있는 병원의 모습에 대해서 상세히 기록한 내용에서 찾을 수 있다. 그는 새로운 병원의 건축 양식은 돈이 덜 드는 한국식 건물이라고 소개하면서, 한국 선교의료의 초기 단계에서 병원은 외국식 스타일을 피하고 한국식으로 건축하는 것이 나을 것이라는 의견을 피력하였다. 다니엘은 그가 이런 아이디어를 얻게 된 것이 1895년부터 평양에서 의료선교사로 활동하던 웰스에게 받은 조언이라고 한다. 당시 의료 선교사들 사이에 한국식 병원 건물 구조가 더 효율적이라는 의견이 대세였음을 보여 준다. 평양선교병원은 침대를 따로 구입하지 않은 한국 온돌식 병원이었다. 다니엘은 이런 토착화된 방식의 병원 시설이 만족스런 결과를 낳았다고 평가한다. 다니엘은 병원의 다른 기자재를 위해 곧바로 뉴욕에 있는 병원 용품 업체에 연락하여 문의하겠다고 밝혔다.[95]

이로부터 3개월이 지난 1906년 1월 30일자 편지에서 다니엘은 알렉산더의 지원금으로 미국 뉴욕 회사에서 주문한 병원에 필요한 기구가 들어오기 시작했다고 보고한다. 특히 다니엘은 현미경(microscope)을 갖게 된 것을 기뻐했으며 이 사실에 대해서 거듭 감사했다. 그리고 병원 기구가 들어오는 것에 힘을 얻어서, 군산진료소의 간호사 케슬러

---

95) Thomas Daniel to A. J. A. Alexander, October 11, 1905. (Alexander Family Papers, KHS)

(Ethel Kestler, 1877-1953)와 6명의 한국인 여자들이 며칠 동안 14개의 한국식 침구를 만들었다고 한다. 다니엘은 케슬러를 통해서 거액의 선교 헌금이 도착했다고 알렉산더에게 알린다. 케슬러는 미국 노스캐롤라이나 몬로(Monroe, North Carolina) 출신의 간호사인데 그녀를 파송했던 교회(First Presbyterian Church)의 목사인 George H. Atkinson의 부인이 30세의 젊은 나이에 요절을 하자, 그 교회의 교우들과 부인의 친구들은 그녀를 위한 기금을 만들었다.[96] Atkinson목사는 이 기금을 군산에 기부하면서 새로 지어질 병원의 이름에 아내의 이름이 들어가길 청한다. 제안된 병원의 이름은 "Frances Bridges Atkinson Memorial Hospital"이며 기부를 제안한 액수는 10,000달러였다. 다니엘은 알렉산더에게 이 특별 기금을 받고, 새로 짓게 될 병원의 이름에 후원자의 의지를 포함하는 것에 대해서 자문을 구한다. 알렉산더는 군산에 병원이 세워지면 죽은 Rankin[97]과 Mrs. Harrison[98]을 위한 기념 공간이 되길 원하고 있었기 때문에 병원이 다른 이름으로 건립되는 것에 대한 사전 양해를 구하는 듯하다. 같은 편지에 다니엘은 진료소가 매우 바쁘게 돌아가고 있으며 환자가 지난달 949명이었고 100번이 넘는 왕진이 있었다고 적었다.

1906년 12월 7일 편지에서는 "한국식 병원"이 거의 완성되었음을 알린다. 이미 병실에는 장판지가 깔렸고, 이제 굴뚝 공사 일부만 남았다고 한다. 병실의 모양은 한국식 온돌방이지만 수술실은 온돌이 아니라 나무로 된 바닥이라고 한다. 편지에는 다음과 같이 병원 시설에 관한 자세한

96) 500불이 송금되었고 빨래방과 2 개인 환자실을 위해 사용될 것이라고 했다. Thomas Daniel to A.J.A. Alexander, December 7, 1906. (Alexander Family Papers, KHS)

97) 남장로교 선교사 Cordelia B. Rankin(1879-1911)으로 전주기전여학교 교장을 역임했다.

98) Linnie Davis Harrison(1862-1903)는 1892년에 한국에 온 선교사였다.

설명이 담겨 있다. "각 방에는 3개의 면에 각 한 개씩 창문을 내었고, 수술실에는 4개의 창문이 있어 모든 방에는 햇빛이 충분히 들어오게 되어 있다. 건물의 스타일은 의료 사업이 확대되면 쉽게 확장할 수 있는 형태로 설계되었다. 진료소의 일도 최대한 빨리 진행해야 할 것 같은데, 어떻게 내가 이렇게 급증하는 병원 일을 하면서 그 일까지 감당할 수 있을지 잘 모르겠다."[99]

선교사 편지에 거의 예외 없이 나타나는 내용 중에는 주변 인물에 대한 정보이다. 이러한 정보들은 종종 선교사 편지의 연구 가치를 높여 준다. 다니엘의 편지에서 자주 등장하는 인물은 오긍선이다. 다니엘은 오긍선이 미국유학을 마치고 귀국하는 해인 1907년부터 군산병원에서 같이 근무를 했기 때문에 누구보다 오긍선에 활동에 대해서 언급이 자주 있었다. 1907년 10월 17일 편지에서 오긍선이 한국에 도착한 후 선교병원 임무를 잘 수행하고 있다고 상세히 쓴다. 이는 알렉산더가 오긍선에 대해서 깊은 관심을 갖고 있었음을 보여 준다.

흥미로운 정보는 다니엘이 제2의 오긍선을 키울 계획을 세웠고 이는 1909년 초 남장로교 선교부의 뜨거운 관심사 하나였다는 사실이다. 알렉산더는 이를 위한 재정 후원을 승낙했고, 선교부는 가장 합당한 인물을 이미 선택하였다. 하지만, 1909년은 일본이 조선의 외교권을 박탈하여 장악한 상태였고, 일본은 선교사들의 다각적인 노력에도 불구하고 끝내 한국인 청년 2명의 미국 유학을 좌절시킨다.[100] 같은 해 쓴

99) Thomas Daniel to A.J.A. Alexander, December 7, 1906. (Alexander Family Papers, KHS)

100) Thomas Daniel to A. J. A. Alexander, February 11, 1909. (Alexander Family Papers, KHS)

"I saw the American Counsel in regard to getting permission from the Japanese for the boys to leave...the Japs would not issue the permit."

다른 편지에는 다니엘은 알렉산더에게 켄터키 하원의원에게 부탁하여서 한국 청년들이 미국에 유학 가는 길을 열어 달라 청하는 편지도 쓴다. 그만큼 다니엘은 한국 청년의 미국 유학을 간절히 원하고 있었던 것이다.

다니엘이 약 5년(1904-1909) 동안 작성한 10통의 편지의 두드러진 특징은 세 가지로 정리할 수 있다. 첫째, 군산에 설립된 병원에 대한 매우 상세한 정보이다. 향후 편지의 디지털화 과정에서 당시 병원의 모습에 대한 상세한 기록이 있는 다른 편지들과 연동할 수 있도록 하여서 20세기 초에 한국 땅에 건립된 선교 병원들에 대한 총체적 연구로 발전시킬 수 있다. 둘째, 다니엘의 편지에는 후원에 대한 완곡한 요청이 담겨 있다. 주로 감사의 표현을 반복하는 것으로 나타난다. 선교와 물질의 후원은 뗄 수 없는 관계이다. 그런데 이미 살펴본 대로, "개인-B" 유형의 세 번째 타입인 '후견인'이 수취인 컬렉션이 예상보다 적어서 당시 후원의 모습을 연구할 수 있는 편지 자료 충분하지 않은 편이다. 따라서 다니엘의 편지는 당시의 선교 후원 요청에 관한 연구에 유용하게 사용될 수 있다. 셋째, 주변 선교사들에 대한 언급이다. 선교사 편지를 연구함에 있어 이 분야는 늘 접하게 되는데, 이를 통하여 동료 선교사 및 당시 선교지부의 관심사를 파악할 수 있다. 그의 편지에서는 오긍선 관련 정보에 주목해 볼 수 있다.

(2) 와일리 포사이드(Wylie H. Forsythe)의 편지 개관 및 분석

포사이드는 1904-1911년 사이에 알렉산더에게 보낸 편지는 총 59통이다, 앞에서 언급한 대로 한국에서 작성한 16통만 연구의 대상으로 삼으려 한다. 〈표 12〉는 포사이드가 작성한 편지 중 그의 1차 의료 선교 임무 기간(1904-1906년)에 쓴 7통과 2기 사역(1909-1911년) 중에 쓴 9통으로 구성되어 있다. 작성 기간은 1904년 8월(미국을 떠나기 전)부터 1910년 11월까지며 중간에 안식한 기간을 제외하면 4년이 채 되지 못한다.

포사이드 편지의 두드러진 특징은 내용의 대부분은 의료와 복음 활동에 관한 것이며, 의료 사역을 숫자 면에서 보고한 것이어서 해외선교부에 제출한 보고서와 크게 다르지 않은 부분도 있다. 다니엘과 비교하면, 포사이드는 병원의 모습이나 진료에 대한 구체적인 내용을 쓰지 않고, 의료 선교 및 복음 전도가 활발하게 진행되고 있다는 소식을 전한다. 또한 2기 사역에 쓴 포사이드의 편지에는 성경 인용이 많다. 거의 모든 편지에 성경을 한 군데 이상에서 인용한다. 특히 선교지에 더 많은 일꾼들이 필요함을 호소할 때마다 이에 상응하는 성경 구절들을 인용함으로 나름 알렉산더 및 후원자들에게 강한 도전을 시도한 것이다. 이런 특성을 통하여 포사이드는 비록 의사 선교사였지만, 성향은 복음 전도자에 가까웠음을 입증할 수 있다.[101)]

포사이드도 다른 의사 선교사와 똑 같이 알렉산더의 재정적인 후원에 감사하며, 이를 독려하는 편지를 쓴다. 당시 선교에서 후원과 이에 대한 감사의 표시가 얼마나 중요한 부분이었는지를 보여준다. 그런데 포사이드는 후원자를 설득하는 방법은 적극적이다. 예를 들어 부족한 재정과 인력 후원을 요청하면서 알렉산더에게 다시 한국으로 선교사로 나오고 가족들도 다 데리고 와서 못다 한 의료 선교 활동을 계속해 볼 것을 제안하기도 한다.[102)] 포사이드 편지를 통하여 파악할 수 있는 그는 후원에 관해서 적극적이고 절대적인 헌신을 유발하는 것이었다. 이에 관하여 다니엘이 완곡한 형식의 후원을 요청한 것과 대조를 이룬다.

---

101) 이와 같이 당시 내한 의사 선교사 중에는 후에 복음 전도사로 소임을 바꾼 예가 있었다. 스크랜튼, 하디, 오웬, 해리슨 등이다(이만열, 2003, p.874).

102) Wylie Forsythe to A. J. A. Alexander, December 15, 1909. (Alexander Family Papers, KHS)

포사이드 편지에도 오긍선에 대한 언급이 나온다. 오긍선 개인의 사역에 대한 것[103]과 제2의 오긍선을 키우려던 1909년 당시 선교부의 계획에 대한 언급이다. 이렇듯 다니엘과 포사이드 모두가 기록한 이 사건은 남장로교 선교부 전체의 관심사였음을 알 수 있다. 나아가 알렉산더가 오긍선을 후원한 것이 남장로교 선교에 매우 효과적임을 보여 주는 것이다.

포사이드의 편지에 나타나는 특이한 정보 중에는 자신이 상해받은 이후 회복되는 과정에 대해서 쓴 편지이다.[104] 앞서 언급했듯이, 포사이드가 테러를 당한 사건은 당시 한국 선교사들의 사회에서는 충격적인 일이었다. 따라서 이 사건에 대하여 여러 선교사들이 편지와 선교 활동 보고서 등에 기록을 남겼다.

〈표 12〉 포사이드가 알렉산더에게 보낸 편지 리스트

	날짜	보낸 곳	내용
1	1904/08/23	루이빌	9월5일 밴쿠버로; 어머니 걱정
2	1904/09/23	코베	곧 한국 출발; 일본선교사 존슨 만남
3	1904/10/17	전주	전주 도착; 병원 일
4	1904/12/13	전주	한국어 습득; 250명 환자; 교회; 일본군 상황
5	1905/04/04	군산	상해 사건
6	1905/10/20	전주	교인 증가; 불선교사의 전축기; 의료 활동; 선교사 자녀
7	1906/02/09	전주	교회성장-352명 세례; 의료 활동, 새 의료시설 필요
8	1909/03/20	목포	서울; 학생 비자 거절; 워싱턴 정치인 부탁; 맥커천 평양 이전

103) Wylie Forsythe to A. J. A. Alexander, March 20, 1909. (Alexander Family Papers, KHS)

104) Wylie Forsythe to A. J. A. Alexander. April 4, 1905. (Alexander Family Papers, KHS)

"Sunday night or Monday morning I was awakened with the room of my door open and a Korean pointing a gun at me and several others with guns..."

9	1909/05/01	목포	어머니와 미스 풀러턴에게 감사
10	1909/08/11	목포	남장로교 연례모임; 알렉산더 후원 감사; 오긍선, 군산 병원
11	1909/10/15	서울	"A million souls for Jesus in 1910"(백만명 구령운동)
12	1909/12/15	목포	내년 5만불 삭감; 기도 부탁
13	1910/03/12	목포	도움 감사; 목포여학교와 목포남학교 기숙사 건립
14	1910/06/07	목포	$75,000가 한국에 (선교부에서 할당) 감사
15	1910/10/11	목포	동생(Jean) 선교사; 한국 선교사 더 필요
16	1910/11/16	목포	기부 감사; 한국에 올 일꾼 모집 부탁

(3) 조셉 놀란(Joseph Nolan)의 편지 개관 및 분석

알렉산더 문서에 보존되어 있는 놀란의 편지는 총 28통으로 1904년 4월 1일부터 1907년 7월 17일까지 약 3년 3개월 동안 쓴 것이다.[105] 포사이드와 다니엘이 쓴 편지와 비교해 보면, 비교적 짧은 시간에 많은 분량의 편지를 썼으며 그 내용도 가장 개인적이며 상세하고 다양한 범주의 기록이 포함되어 있다. 내한 선교사 중에는 한 주에도 여러 통의 고국으로 편지한 경우가 있지만, 후원자에게 매년 약 9통의 편지를 쓴 것은 흔하지 않은 예이다. 이는 놀란이 알렉산더를 여러 면에서 의지하고 있었음을 보여 주는데, 그가 켄터키 루이빌의과대학교를 졸업할 때에 알렉산더에 의해 모집된 선교사여서 특별한 관계가 형성되어 있었음을 알 수 있다.[106] (〈표 13〉 참조)

105) 놀란은 1907년 남장로교 선교사직를 그만두고 평안북도 운산광산의 주치의로 1915년까지 일했다(양국주, 2018, p.67).

106) 그가 의대를 마치면서 어떻게 한국에 의료 선교사로 헌신하게 되었는지를 보여 주는 편지 6통이 보존되어 있다. 놀란은 알렉산더가 그가 다니던 의과대학에 방문하여 선교사를 모집할 때에 한국에 마음을 두었고, 졸업 후 한국행을 결심했던 사실 그리고 한국에 오기 위해서 어떤 과정의 준비를 하였는지에 대한 내용들이 남아 있다.

〈표 13〉 놀란이 알렉산더에게 보낸 편지 리스트

	날짜	보낸곳	내용
1	1904/04/01	루이빌	강연 듣고 한국 선교 관심
2	1904/04/21	루이빌	오긍선 만남
3	1904/06/01	루이빌	선교사 지원; 기말시험
4	1904/06/08	루이빌	남장로교 해외선교부와 인터뷰
5	1904/06/16	루이빌	한국행 결정; 벨선교사 같은 배
6	1904/07/04	루이빌	MD 취득; 목포 의료기구
7	1904/09/21	서울	서울 도착; 한국어 예배; 서울 환경 열악함
8	1904/11/30	목포	의료사역 바쁨; 언어 습득; 오웬과 여행; 한국 여관
9	1905/01/03	목포	러일전쟁 뤼순함락 목포 일본인들; 술취한 일본인 행패
10	1905/01/26	목포	우울증 증상; 외로움; 불선교사의 연애
11	1905/03/16	목포	포사이드 의사 부상
12	1905/05/01	목포	결혼 축하; 포사이드 회복; 미혼 여성 선교사 필요
13	1905/09/03	목포	목포 태풍; 벨 방문; 술 취한 한국인; 환자들 교회로
14	1905/10/18	목포	서울 연례회의 참석; 서울 - 원산 자전거 여행; 환자들 교회
15	1905/12/26	광주	의료 선교; 베를린 유학 희망
16	1906/02/28	광주	2월에 600명+ 환자, 12개 수술; 미혼 여선교사 모집 필요
17	1906/03/11	광주	한국인들의 미신; 위생 교육; 베를린 여행
18	1906/04/15	광주	조혼한 한국인 여아, 그리스도인
19	1906/04/18	광주	옷과 벨트 구입 부탁; 한국인들의 성경
20	1906/06/28	광주	연례회의 참석
21	1906/06/30	광주	스트레퍼 선교사 루이빌행
22	1906/07/07	광주	조선 부패; 한센병자 치료; 18시간 일
23	1906/07/30	광주	환자 치료
24	1906/10/10	광주	서울 연례회의 참석; 한센병환자 증가
25	1906/11/23	광주	불선교사와 여행; 의료 기구 필요
26	1906/11/28	광주	조혼 여자 아이 수술, 고통의 삶

27	1907/01/12	광주	"한센인들 위한 치료; 1년 공부 원함
28	1907/07/17	광주	치료, 수술 설명; 베를린이나 런던으로 포닥 희망

놀란이 쓴 편지의 내용들도 다니엘과 포사이드의 경우처럼 세 가지의 영역으로 나누어 특징을 분석할 수 있다. 첫째, 의료 활동과 복음 선교에 관한 내용이다. 놀란의 편지에서 가장 많은 내용은 의료와 전도에 관련된 것이다. 하지만 이는 단순히 선교의료의 횟수에 대한 것이 아니라 알렉산더가 의사였기 때문에 자세하게 의료를 전개하는 방향에 대해서 의논한다. 당시 문제가 되었던 콜레라에 대해서 쓰며(1906년 7월 7일), 자신의 우울증에 대한 문제도 언급한다(1905년 1월 26일). 많은 한국인들이 눈과 귀 질환이 있다고 적고(1905년 12월 26일),[107] 특히 한센병자를 돌보면서 많은 호응이 있었던 것을 기록한다.[108] 그리고 1907년 1월 12일 편지에서는 알렉산더와 "House of lepers"(한센 병자들을 위한 집)에 대한 아이디어를 진지하게 나눈다. 이는 남장로교 선교사들이 호남에서 다른 지역 선교보다 더 한센병 등 사회 질병에 대한 관심과 돌봄이 많았는데, 이미 1907년부터 알렉산더와 놀란 사이에서 한센병 관련 토의가 있었다.[109] 이는 시기적으로 놀란이 편지에 쓴 한센병에 대한 관심은 남장로교 선교사들이 한센병 문제를 다루기 시작한 초기적인 관심으로 볼 수 있다.[110]

107) Joseph Nolan to A. J. A. Alexander, December 26, 1905. (Alexander Family Papers, KHS)

108) Joseph Nolan to A. J. A. Alexander, October 10, 1906. (Alexander Family Papers, KHS)
"I have cured a few cases of leprosy, and now they are flocking into my clinic everyday."

109) 미국 북장로교는 부산에 1910년, 대구에 1915년에 나병원을 설립을 했고, 남장로교는 광주(나중에는 순천)에 나병원을 설립해 1920년대에는 거주 인원이 600명을 넘었다(이만열, 2003, p.485).

둘째, 놀란의 편지의 상당 부분은 후원 요청에 관한 것이다. 그는 특히 개인적인 후원에 관한 요청을 자주 했으며, 알렉산더의 후한 후원에 대해서 감사하는 내용도 많다. 놀란은 알렉산더에게 개인적인 용품을 부탁하기도 했으며, 재정이 고갈되었음도 호소하고, 나아가 더 나은 한국인들을 위한 의료 봉사를 위하여 베를린에 유학하고 싶다고 쓴다(1906년 3월 11일). 후원 요청에 관하여 놀란은 다니엘과 포사이드와는 다른 성향을 보여 준다. 그는 후원자에 대하여 깊은 애정과 감사를 표현하며, 개인적인 필요를 편안하게 요청한다. 놀란의 편지에 나타나는 알렉산더는 그를 재정적으로 돕던 든든한 후원자요, 멘토로 생각했던 흔적이 역력하다. 이는 다니엘이 완곡하게, 포사이드가 다소 강압적으로 후원을 언급했던 것과 다른 모습이다.

셋째, 놀란의 편지에는 당시 한국의 상황에 관한 기록들이 많다. 이 점은 다른 두 의사 선교사의 편지에서는 찾아 볼 수 없는 것인데, 선교 이외의 관점에서 그의 편지에는 유익한 정보가 포함되어 있다. 포사이드와 다니엘의 편지에 비하면, 놀란은 주변에 관한 소식을 비교적 소상하게 전한다. 놀란은 그가 경험한 당시의 서울의 거리가 무척 불결하다고 썼으며, 1905년 1월 5일[111] 러일 전쟁에서 승리한 일본인들이 축제 분위기로 목포 거리에서 술을 먹고 행패하던 이야기, 1905년 가을 목포를 강타했던 무서운 태풍에 대한 경험[112], 조혼으로 고통받는 어린 여성 환자들에 관한 이야기도 전하고 있다.

110) 호남지역에서 한센병 관련 선교사들의 의료 활동은 1909년 포사이드에 의해서 시작되어서 윌슨(Robert M. Wilson, 1880-1963)에 의해서 광주에 나병원이 설립되고 현재 여수 애양병원으로 발전한다. 이런 의료선교 활동은 사회 전체가 기독교 복음의 영향을 크게 받게 되는 계기가 된다. 여수애양병원 연혁: 〈www.wlc.or.kr〉(검색일: 2018.10.1)

111) 러일전쟁 중 여순항이 함락된 1905년 1월 4일 다음 날이다.

112) 1905년 9월 목포 태풍에 관해서는 기상청에서 출간한 '태풍백서'(2011, p.54)에도 기록되어 있다.

제2부

디지털 아카이브 구축에 관한 제안

2부에서는 선교사 편지를 용이하게 사용하도록 돕기 위하여, 어떻게 '디지털 아카이브'[1]를 구축해 볼 수 있는지를 다루고자 한다. 특히 최근 부상하고 있는 디지털 인문학 방법을 활용하여 각 편지의 인물 정보, 공간 정보, 시간 정보뿐 아니라 각 편지의 중요한 내용도 검색할 수 있는 방안을 제안하려 한다. 디지털 아카이브의 구축은 선교사의 자료를 연구하는 대다수의 연구자들이 필요성을 느끼는 분야이다(장윤금, 2013, p.278). 이는 자료의 양이 방대하며, 대부분의 자료가 미국과 캐나다에 소재함으로 거리적, 언어적 제약도 크기 때문이다. 또 내한 선교사 편지가 디지털화가 되어 통합서비스로 제공된 예가 아직 없기 때문에 필요성이 더욱 크다고 볼 수 있다. 본 연구가 제안하려는 디지털 아카이브의 모델은 편지의 기본 정보는 물론 중요한 내용까지 쉽게 검색할 수 있게 기능을 갖춘 것이다. 나아가 검색의 범위가 특정 컬렉

1) 디지털 아카이브라는 개념은 어느 학문에서 보느냐에 따라서 조금씩 의미가 다를 수 있다. 디지털 인문학에서는 디지털 아카이브를 대체로 "학문적 목표를 두고 여러 다른 기관, 다른 컬렉션에 소장된 (아날로그) 일차 자료를 의도적으로 선택하고 디지털화하여 온라인에서 그룹화"하는 것이라고 정의한다(Theimer 2012, para.7).

션 내로 한정되는 것이 아니라, 모든 컬렉션을 통합하여 검색이 가능할 수 있도록 기반을 마련하는 것이다.

이러한 디지털 아카이브의 구축은 다음 두 가지에 초점을 두고 수행될 것이다. 첫째, 비전문가를 위한 시각화 및 단순화 그리고 자료 접근에 대한 편리를 도모하는 것이며, 둘째, 학술적인 연구자를 위하여 편지의 기본 정보뿐 아니라, 편지 내용도 구축하는 것이다. 전자의 경우 이용자들의 편리를 위하여 손으로 쓴 편지의 경우에는 타이프된 것을 함께 볼 수 있게 하고 우리말 번역본도 제공하는 등의 방법을 병행할 수 있다. 후자가 구축될 경우 특정 편지의 내용을 각주, 사진 자료 등과 연결하여서 한 곳에서 필요한 정보의 대부분을 습득할 수 있게 된다. 나아가 이미 구축된 디지털 아카이브를 다른 프로젝트와 쉽게 연동 할 수 있도록 하는 것이다.

7. 편지를 대상으로 한 디지털 아카이브 선진 사례

아래에 소개하는 유럽과 미국에서 편지를 대상으로 디지털 아카이브를 구축한 사례 6가지 디지털 인문학 프로젝트들은 2008년부터 2018년 사이에 수행된 것으로 비교적 최근의 사례들이다. 또 이들 대부분은 다량의 편지들을 디지털 아카이브로 구축함으로, 그동안 복잡하여 전문가들만 접할 수 있다고 생각되던 인문학적 자료로서의 편지에 더 많은 사람들이 쉽게 접근할 수 있도록 한 것이다. 따라서 이들 선진 사례들의 결과는 선교사 편지의 디지털화의 목적과 일맥상통한다. 이 6가지의 사례들 중에는 편지들의 원본 이미지를 직접 제공하는 경우도 있으며, 또 편지의 내용이 배경으로 하고 있는 인적 혹은 주제의 관계망을 지도를 통하여 시각화하여 여러 통의 편지에 담겨 있는 상관관계를 한 목에 볼 수 있게 하기도 한다. 나아가 편지에 쓰인 전문적인 용어들과 당시 상황을 알아야 이해가 되는 배경을 알려주는 각주 작업이 가능하도록 하였다. 이런 작업들은 편지의 메타데이터를 '표준화'하는 과정을 중요시 한 결과의 산물이다. 이렇듯 메타데이터가 표준화되면 이 기반 위에 구축되는 디지털 아카이브는 상호운용성이 가능한 구조를 갖게 된다. 이미 구축된 자료에 새로운 자료들이 쉽게 추가될 수 있으며, 새로운 참여가 손쉽게 되기 때문이다. 이를 통하여 차원 높은 협력 체제를 구축할 수 있다.

1) 지식의 문화(Cultures of Knowledge: Networking the Republic of Letters, 1550-1750)

여섯 개의 사례 중, "Cultures of Knowledge: Networking the Republic of Letters, 1550-1750"(이하 CK)은[2] 편지를 대상으로 한 가장 오래되고 방대한 디지털 인문학 프로젝트 중에 하나라 할 수 있다.[3] 이 프로젝트는 2009년에 영국 옥스퍼드대학교(University of Oxford)에 기반을 둔 공동연구 프로젝트로 시작되었으며 현재 네 번째 단계(4th phase, 2017년 4월-2018년 9월)까지 진행된 프로젝트이다.[4] 이 프로젝트의 목적은 21세기에 발전된 다양한 디지털 방법을 사용하여 근대

2) Culture of Knowledge: 〈http://www.culturesofknowledge.org〉(검색일: 2018.11.18)

3) 공식적인 시작은 2009년으로 다음에 다룰 "Mapping the Republic of Letters"보다 한 해 늦지만, 메타데이터가 수집되기 시작한 것을 훨씬 전의 일이기 때문이다.

4) 앤드류 멜론 재단(Andrew W. Mellon Foundation)의 재정적 지원을 받고 있다. 기술적인 면에서는 옥스퍼드대 Bodleian Libraries의 Bodleian Digital Library and Services 부서가 도와주고 있다.

(1550-1750년) 유럽의 지성 사회 안에서 활발했던 "소통의 네트워크(correspondence networks)"를 재구성하고 이의 특징과 의미를 파악하여 다양한 학문 연구를 위한 자료로 제공하려는 것이다.[5)]

한편 유럽 근대 지성인들에게 새롭게 떠오른 "소통의 네트워크"라는 표현은 일반인들에게 다소 생소하다. 여기서 소통이란 주로 편지를 통한 것이며 간혹 출판물을 사용하기도 했는데, 당시에는 손으로 직접 쓴 편지가 출판물보다 기록물로서의 공신력을 더 인정받던 시기였다(McNeely and Wolverton, 2009, p.136). 네트워크이란 서로 편지를 주고받으며 지성적인 담론을 펼치는 사람들이 활발하게 연결되었다는 의미이다. 이 네트워크는 개방적이어서 비교적 쉽게 새로운 인물들과 연결되고, 자유롭게 편지를 통해서 의견 교환을 할 수 있어서 유럽의 지성 사회에는 이전에 경험해 보지 못한 역동적인 관계망이 구축되었다. 이런 시대와 문화의 생산물인 수많은 편지들은 유럽 근대사에서 빼놓을 수 없는 인문학적인 자료인데, 그 원문들은 400개가 넘는 다양한 기관을 통하여 수집 보존되어 목록화되었다. CK는 이렇게 목록화된 자료들을 "Early Modern Letters Online(EMLO)"이라는 종합 목록에 모으는 작업과 함께 이를 표준화하고, 디지털 인문학적인 방법으로 재구성하여서 21세기의 연구자들이 16-18세기의 편지에 손쉽게 접근하도록 하는 프로젝트이다.

현재 153,000통이 넘는 편지를 대상으로 하여 이들과 관련된 비교적 상세한 정보들을 모아 두었는데 이는 단순히 16-18세기 편지의 목록 혹은 검색도구가 아니고 〈그림 6〉을 통하여 보듯 편지에 관련된 정보를 시각화하며, 관련된 다양한 정보와 쉽게 연결할 수 있는 기술이

---

5) "Digital methods to reassemble and interpret the correspondence networks of the early modern period." 〈http://www.culturesofknowledge.org〉(검색일: 2018. 11.15)

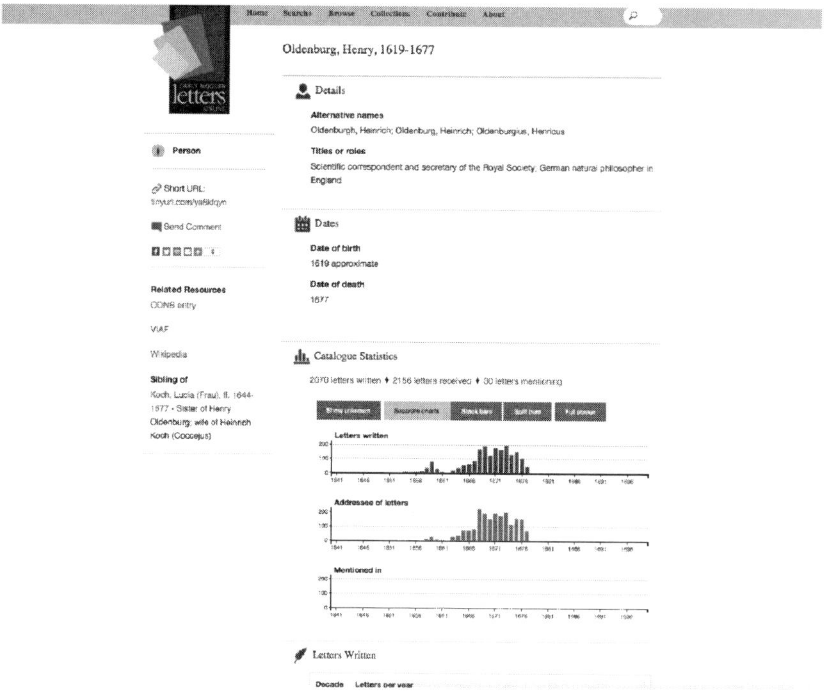

〈그림 6〉 CK: Early Modern Letters Online

다. 하지만 이 프로젝트가 소개하고자 하는 모든 편지의 원문을 곧바로 볼 수 있는 것은 아니다. 일부는 온라인에서 바로 볼 수 있지만, 다수는 편지들이 어디에 있고, 저자와 수신인, 보낸 장소, 짧은 내용 등의 메타데이터 정보만 안내해 줄 뿐이다.

2) "서신 공화국"의 지도화(Mapping the Republic of Letters)

2008년부터 미국 스탠퍼드대학교(Stanford University)에서 미국국립인문재단(National Endowment for the Humanities)의 보조를 받으며[6] 진

행하고 있는 'Mapping the Republic of Letters'는 세계적으로 주목을 받고 있을 뿐 아니라 국내 논문에도 종종 소개되고 있다. "서신 공화국"(The Republic of Letters 혹은 'Respublica Literaria')이란 편지를 기반으로 형성된 지식을 공유하는 가상적(virtual) 공동체라는(Hindley, 2013, para.4) 의미를 갖고 있는데, 여기서 사용된 "서신"(Letters)에는 상징적이며 동시에 이중적 의미가 담겨 있다. 먼저, Letters는 인문학 전체를 의미하는 상징어이다. 영어에는 "Letters and Science"란 표현이 보편화되어 있는데, 과학과 구별되는 넓은 의미의 인문학을 가리킨다. 따라서 "Republic of Letters"는 당시 인문학에 관심을 두고 이에 관련된 수많은 담론에 참여하여 인문학 발전에 기여했던 '학자들과 논객들을 총칭하는 표현'이 된다. 아마도 이들 사이에 일종의 공동체 의식이나 소속감을 갖고 있었음을 전제하는 표현이라고 볼 수 있다. 이들은 당시 새로운 소통 방법으로 부각된 편지를 통하여 전 시대에 볼 수 없었던 방식으로 서로의 견해를 주고받았다. 그런데 "Republic of Letters"는 또 다른 의미를 포함한다. 이는 그 시대가 생산해낸 모든 편지들을 총칭하는 상징적인 표현도 된다. 그 시대에 새롭게 형성된 "서신 공화국"(혹은 편지 공동체)에서 생산해 낸 편지는 그 수가 워낙 방대하고 그 시대의 학문을 주도할 만한 것이어서 "Republic of Letters"라는 표현이 적절해 보인다.

위트레흐트대학(Utrecht University) 역사학 교수 Van Miert(2014)에 따르면 이 "서신 공화국" 공동체는 생각보다 규모가 컸고, 현재 유럽 안팎 도서관과 기록기관에 흩여져 있는 그 당시 편지의 총수를 1백만에서 2백만 통으로 추정한다(p.284). "Mapping the Republic of Letters"

6) NEH에서 두 차례 보조금(NEH Digital Humanities Implementation Grant)을 받았다. 첫 번째는 2009년 $99,244이었고, 그 다음은 2013년에는 $297,137을 받았다. (Hindley, 2013, Funding Information)

프로젝트는 이런 수많은 편지 중 디지털화가 된 편지의 메타데이터를 활용하여 사회 연결망을 분석(Social Newtwork Analysis) 하되 시각화 방법으로 지식인들의 복잡한 관계를 분석했고, 편지의 수신, 발신자 위치에 관한 정보를 통해 수많은 편지의 공간적, 시간적 정보들을 디지털 세계의 지도 위에 시각적 정보들을 디지털 세계의 지도 위에 시각적으로 재현하였다. 이러한 당대 문인들의 대규모 네트워크 분석은 그 시대와 지역에 관한 새로운 역사적 통찰을 더 해주었다(Rydell & Winterer, 2012, para.3).

나아가 "Mapping the Republic of Letters" 프로젝트의 특징은 사례 연구(Case Studies)를 통하여 편지들에 대한 연구를 확장해가는 일종의 열린 구조를 가지고 있다. 사례 연구란 편지의 주제를 인물 혹은 사건 별로 모아 디지털 인문학 기법으로 시각화한 후 그 결과의 내용을 토대로 연구 논문을 발표하는 것이다. 이런 학술 논문은 자료의 시각화가 낳은 결과이며 대중들이 편리하게 사용하도록 제공된다. 이런 사례 연구의 프로젝트는 현재까지 12개가 완성되었고 지금도 계속 진행되고 있다.

1. 'Algarotti' (프란체스코 알가로티, 1712-1764)
2. 'Condorcet' (니콜라드 콩도르세, 1743-1794)
3. 'D'Alembert' (장르롱 달랑베르, 1717-1783)
4. 'Voltaire' (볼테르, 1694-1778)
5. 'Grand Tour' (그랜드투어)
6. 'Franklin' (벤자민 프랭클린, 1706-1790)
7. 'Galileo' (갈릴레오 갈릴레이, 1564-1642)
8. 'Voltaire's Publication' (볼테르의 간행물)
9. 'Salons' (살롱)

10. 'Locke' (존로크, 1632-1704)
11. 'Kircher' (아타나시우스 키르허, 1602-1680)
12. 'Spanish Empire' (에스파냐 제국)

위 리스트에 포함된 개인들은 계몽주의에 가장 영향을 주었던 인물들이라고 할 수 있는데 이중 유일하게 유럽인이 아닌 인물은 미국의 정치인인 벤자민 프랭클린(Benjamin Franklin, 1706-1790)이다. 그가 주고받은 서신 네트워크의 시각화 프로젝트는 프랭클린과 관련된 15,000통의 편지 중 영국과 스코틀랜드에 처음 갔었던 1756년에서 1763년까지 그가 여러 인물들과 주고받은 편지로 제한하여 수행되었는데, 지형 공간, 데이터 분석과 사회적 관계망의 시각화 분석하였다. 각 편지의 날짜, 저자, 수신인, 그들의 성별, 직업, 출생지, 편지가 수신된 지역 등의 데이터 정보에 기반을 두었는데, 이런 데이터는 결국 프랭클린이 누구에게 편지를 썼고, 수신인들의 직업은 무엇이고, 그들은 어떤 환경에 있었는지를 통해 사회적 관계를 이해하는 데 사용되었다. 이 프로젝트는 크게 편지 그 자체와 편지를 받은 수신인들의 정보로 나눠 두 개의 스프레드시트를 만들어 지도를 통해 시각화를 하였다.

〈그림 7〉에서는 프랭클린이 보내고 받은 편지의 수신 그리고 발신 위치가 지도상에 표시되고 있고 그 사이에 라인이 그려져 있다. 위 화면에서는 희미하게 보이지만 지도상 유럽 남부 네트워크 그래프의 한 파란색 노드에 마우스를 올렸을 때 'Naples, Campania, Italy'라고 지도의 위치 이름이 나타나고 그 옆에 1이란 숫자가 나타난다. 나폴리에서 시작된 줄은 런던에 있는 또 다른 파란색 노드에서 끝나는데 이것은 한 통의 편지가 나폴리와 런던 사이에 오고갔다는 뜻이다. 즉, 런던에 마우스를 올린다면 3,567이란 숫자가 나오는데 이는 런던에서 3,567통의 편지를

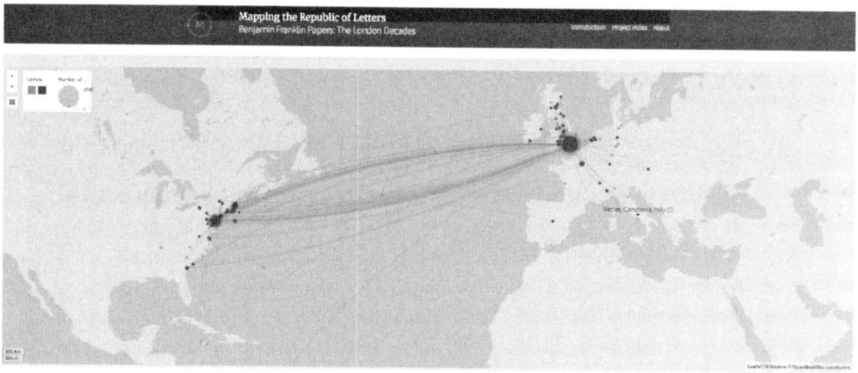

〈그림 7〉 Mapping the Republic of Letters: B. Franklin Papers 지도

받았거나 썼다는 것을 의미한다.

요약하면, 이 디지털 편지 아카이브의 첫 번째 특징은 옥스퍼드대학의 CK 프로젝트를 통하여 구축된 메타데이터를 사용하는데, 이 메타데이터를 더욱 발전된 디지털 기법을 사용하여 이용자들이 편리하게 17세기 계몽주의에 대한 연구를 당시의 편지를 통해서 수행할 수 있도록 한 것이다. 자료의 가시화 효과가 커서 이용자들이 흥미를 잃지 않고 자료에 접근할 수 있고 어렵지 않게 많은 자료를 얻을 수 있도록 고안되었다.

이 프로젝트의 두 번째 특징은 '사례 연구(Case Studies)'가 계속 진행될 수 있도록 열려 있는 것이다. 데이터를 통해서 계몽주의를 이끌었던 인물들의 관계망을 이들이 썼던 편지를 통해서 총체적으로 볼 수 있게 함으로 그가 살았던 당시의 관계의 네트워크 속에서 그들의 생각과 견해 그리고 업적을 분석하고 평가하는 연구가 이루어질 수 있다. 이렇게 이 프로젝트의 대상 리스트에 오른 인물들은 한 사람씩 전문가에 의해서 '사례 연구'라는 형식으로 편지들에 대한 집중 연구를 수행하며, 그 결과가 이 프로젝트를 통하며 일반인들과 공유된다.

3) 17세기 네덜란드의 지식과 지성화된 행위의 유통(Circulation of Knowledge and Learned Practices in the Seventeenth-Century Dutch Republic)

세 번째 사례는 Circulation of Knowledge and Learned Practices in the Seventeenth-Century Dutch Republic(이하 CKCC)이라는 프로젝트이다. 17세기 네덜란드에 살았던 지식인들이 주고받은 편지가 그 당시 네덜란드 공화국을 중심으로 어떻게 유통되었는지 살펴보는 것을 목적으로 한다.[7] 17세기 네덜란드는 당시 유럽에서 가장 근대화된 국가 중에 하나로 황금기를 누렸고 인문학적 지식 및 예술, 특히 과학적 탐구에 있어 자유가 보장된 장소여서 유럽의 많은 지식인들이 몰려왔다. CKCC는 물리학자 호이헨스(Christiaan Huygens, 1629-1695)와 철학자이며 수학자인 데카르트(Rene Descartes, 1595-1650) 등과 같이 17세기 네덜란드에서 활동했던 많은 지식인들이 생산한 20,000통이 넘는 편지를 ePistolarium이라는 웹 애플리케이션을 통해 원문 탐색은 물론 편지들이 작성되고 수신된 장소에 대한 지도, 편지 작성의 타임라인, 편지를 주고받던 인물들의 관계망 등을 시각적으로 분석할 수 있도록 디지털화 하여서 여러 분야의 연구자들이 방대하고 복잡한 편지 자료에 보다 쉽게 접근할 수 있도록 편리를 제공하며 "새로운 질문, 새로운 해석 및 새로운 정보"를 불러일으키길 바라고 있다.[8]

---

7) CKCC 〈http://ckcc.huygens.knaw.nl〉(검색일: 2018.11.15)

8) CKCC: Goal of Project. 〈http://ckcc.huygens.knaw.nl/?page_id=24〉(검색일: 2018.11.15)

CKCC는 위트레흐트대학교(Utrecht University)의 '데카르트연구소'(Descartes Centre for the History and Philosophy of the Sciences and the Humanities)에 소속된 학자들과 '호이겐스네덜란드역사연구소(Huygens Institute for the History of the Netherlands)'의 연구자들 사이의 협력 사업으로 시작하여 현재는 네덜란드의 수많은 대학들과 문화유산 기관의 역사가들, 언어학자들, 알파 정보학 전문가들, 컴퓨터 과학자들이 프로젝트에 동참하고 있다.[9)]

이러한 프로젝트의 대상이 되는 편지는 네덜란드국립도서관, 위트레흐트대학교, 암스테르담대학교, 호이겐스네덜란드역사연구소 등이 제공해주었고, CKCC는 이미 여러 기관이 디지털화하여 둔 편지 자료를 취합하였고, 서로 다른 방식으로 디지털화된 자료들을 표준화하여 검색과 상호교환이 가능한 데이터베이스를 구축했다. 기관마다 다른 목록 포맷을 상호교환과 검색을 위해 TEI(Text Encoding Iniative) 포맷으로 모두 전환시키는 작업을 먼저 해야 했다(Ravenek, 2012, p.2). 또한 각 편지마다 (1) ID (2) 발신 날짜 (3) 발신자 (4) 수신자 (5) 발신지 (6) 수신지 (7) 언어의 메타데이터를 TEI 표준 포맷으로 전환하여 이 디지털 아카이브의 기초가 되는 전체 데이터 분석 및 시각화를 가능하게 한 것이다. 그 결과 이 프로젝트는 이전에는 단순히 편지 원문을 제공하는 것을 넘어, 편지를 작성하고 수신한 인물들의 관계망 및 타임라인을 지도와 도표 등으로 시각화했다(〈그림 8〉 참조).

이 프로젝트의 큰 특징은 대상이 되는 편지들을 웹사이트에서 직접 볼 수 있어, 연구자들의 수고를 덜어주는 것이다. 또한 웹사이트의 운영방식도 단순화하여 방문자들이 옥스퍼드대학의 CK나 스탠퍼드대학의 "Mapping the Republic of Letters"보다 수월하게 자료를 사용할 수

9) Ibid.

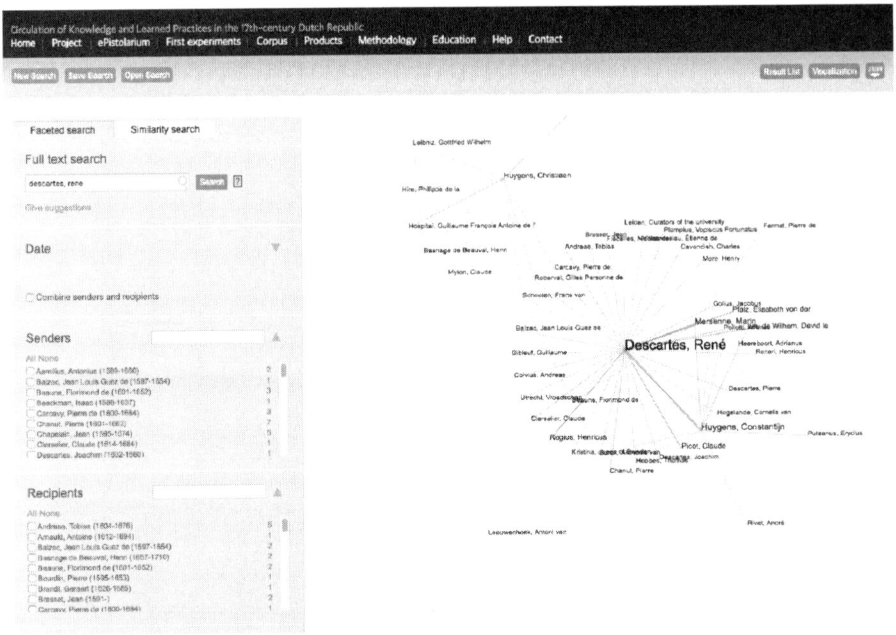

〈그림 8〉 CKCC, Descartes 편지 관계망

있다. 어쩌면 이 배경에는 CKCC가 대상으로 하는 편지의 규모가 다른 두 개의 프로젝트보다 훨씬 적은 20,000통의 수준이기 때문에 훨씬 업그레이드된 시각화가 가능한 것일 수 있다. 규모면에서 CKCC는 본 논문이 다루고 있는 내한 선교사 편지 컬렉션에 보존된 모든 편지와 비슷한 수준인 것이다. 따라서 CKCC 프로젝트의 진행 방식을 연구하는 것은 내한 선교사 편지 전체를 어떻게 디지털 편지 아카이브로 다룰 수 있을까 하는 문제를 풀어 가는 데 있어 유용한 비교 대상이 될 수 있다.

4) 블리스-타일러 서신(Bliss-Tyler Correspondence)

블리스-타일러 서신(Bliss-Tyler Correspondence)은[10] 미국 하버드대학교(Harvard University)에서 운영하는 워싱턴 D.C.에 위치한 연구소이자 박물관인 "덤바튼오크도서관과컬렉션"(Dumbarton Oaks Research Library and Collection)이 수행한 프로젝트다. 덤바튼오크는 비잔틴, 정원 및 경관, 콜럼버스가 미 대륙을 발견하기 이전의 시대(Pre-Columbian)를 전문적으로 연구하는 것으로 유명한 세계적인 기관이다. 외교관 출신으로 미술품 수집가이였던 로버트 블리스(Robert W. Bliss, 1875-1962)와 그의 아내인 밀드리드 블리스(Mildred B. Bliss, 1879-1969)는 그들의 주택과 정원, 수집품을 중심으로 도서관, 박물관, 연구소를 겸용할 수 있는 공간을 개설한다. 이는 예술과 인문학의 연구 발전을 후원하기 위해 설립되었는데, 1940년에 하버드대학에 기증되었다.[11]

Bliss-Tyler컬렉션에 소장된 편지들은 1,000통이 넘는 분량인데 블리스 부부와 로얄 타일러(Royall Tyler, 1884-1953)와 엘리시나 타일러(Elisina Tyler, 1878-1959)부부 사이에서 1902년부터 1953년까지 주고받은 것들이다. 로얄 타일러는 외교관 출신이면서 비잔틴 미술관련 책을 여러 권 쓸 정도의 미술에 조예가 깊은 미술 전문가이다. 이 프로젝트는 두 부부가 주고받은 편지의 내용에 상세하게 주석을 달아 놓은 것이다. 특히 주목할 것은 블리스 부부가 공들여 수집했던 비잔틴 미술품 구입에 관한 편지에 이 프로젝트가 달아 놓은 주석은 유익하다. 블리스 부부는 중요한 미술품의 수집 과정에서 역사가이며 미술 감정가로서 이 분야에

---

10) Bliss-Tyler Correspondence. 〈https://www.doaks.org/resources/bliss-tyler-correspondence〉(검색일: 2020.6.8)

11) Dumbarton Oaks: Robert Wood Bliss(1875-1962). 〈https://www.doaks.org/resources/bliss-tyler-correspondence/annotations〉(검색일: 2020.6.8)

조예가 있었던 타일러의 조언을 받는다. 이 프로젝트는 두 부부가 나눈 편지가 상당히 자세하며, 특정한 미술품 구입 과정에서 자주 소통했던 사실에 기반을 둔다. 이렇게 자세한 편지의 내용들에 일반 이용자들도 쉽게 이해할 수 있도록 효과적인 주석을 달아 놓았다. 이러한 주석은 연구자들이 편지를 읽을 때에 그 문맥을 이해하는 데 결정적인 도움을 제공한다. 예를 들어 미술품의 경우 주석과 이미지를 제공하며, 이용자들이 편지를 읽을 때 친숙하지 않을 만한 거의 모든 단어에 주석을 달아 놓았다. 또한 다른 편지들과 관련이 있는 경우 상호 참조를 이용하여 관련된 편지로 바로 이동하여 참조할 수 있도록 하였다.

한편 'Artwork Acquisition Timeline'이라는 디지털 테크닉은 블리스 부부가 편지에 언급한 수집한 미술품이 언제, 어떤 미술 딜러를 통하여 구입하였는지에 대한 정보를 제공하는 기술인데, 미술품 구입 과정에 대한 구체적인 내용뿐 만 아니라, 이를 어느 편지에서 다루었는지에 대한 리스트도 제공해 준다. 과거 종이 위에 써진 편지의 내용을 그 편지가 쓰여졌던 당시의 상황을 입체적으로 이해할 수 있도록 시각화된 가상공간과 시간의 맥락에서 재현하는 것을 목적으로 하였다. 두 부부가 주고받은 편지에는 그들이 역사, 문학, 시, 음악, 정치와 유럽에서의 삶 등 다양한 기록이 포함되어 있다. 또한 당시 유명 인사였던 미국 미술사학자 베런슨(Bernard Berenson)이나 소설가 워튼(Edith Wharton)같은 인물들이 언급이 되기도 한다. 이런 주제를 다룬 편지에 연구자들이 알고 싶어 할 모든 부분에 주석(annotation)을 달고, 관련된 정보로 곧바로 넘어가서 검색할 수 있도록 하였다(〈그림 9〉 참조).

이 프로젝트는 1,000통에 달하는 편지를 8개의 섹션으로 세분하였는데[12] 편지 원본은 1970년대에 타일러의 아들이 하버드대학교에 기증하여 현재 하버드대 Houghton Library에 소장되어 있다.[13] 또한 덤바튼

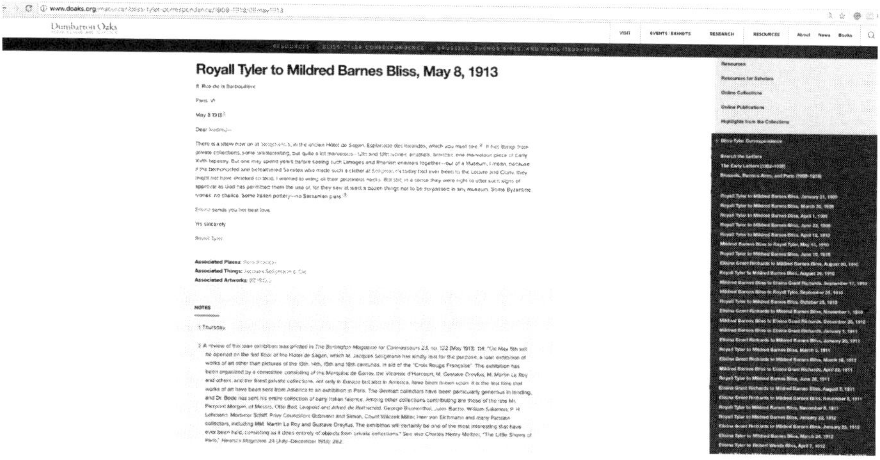

〈그림 9〉 Bliss-Tyler Correspondence 검색된 편지와 주석

오크의 직원에 의해 2008년부터 편지가 타이프되었고, 2010년에서 2012년에 이 소장품을 일반의 이용자들이 손쉽게 이용하도록 여러 새로운 디지털 방법을 적용하는 프로젝트가 시작되었으며 2013년에 대중들의 접근이 가능한 디지털 아카이브가 오픈되었다.

Bliss-Tyler Correspondence의 중요한 전제는 서로 주고받은 편지를 통해 쌍방이 공유하고 있던 사건이나 사물 그리고 인물에 대한 상세한 정보를 파악할 수 있는 편지가 보존되어 컬렉션을 형성하고 있다는 것이다. 그리고 이렇게 컬렉션이 된 편지에 소상한 설명 혹은 주석을 덧붙인

---

12) 다음 8개로 나눠진다. (1) Early Letters (1902-08) (2) Brussels, Buenos Aires & Paris (1909-19) (3) Major Royall Tyler & Military Intelligence during the Great War (4) Washington DC & Stockholm (1920-27) (5) Argentina, Budapest & Paris (1928-33) (6) Wash. DC & Dumbarton Oaks Research Library & Coll. (1934-40) (7) Wash. DC, Geneva & the 2nd World War (1941-49) (8) Paris, Strasbourg & Wash. DC (1950-53).

13) Papers of Royall Tyler, 1902-1979.
〈http://id.lib.harvard.edu/alma/990006048280203941/catalog〉(검색일: 2018.11.15)

디지털 기술이 접목된 것이다. 이점은 내한 선교사 편지의 일부 컬렉션 유형, 예를 들면 '개인 수신 B형'(수신인이 전문인인 경우)과 유사한 면이 있다. 내한 선교사의 편지를 읽으면서 대부분의 독자들은 편지의 상황과 주변 환경에 대해 낯이 설기 때문에 알고 싶은 내용이 속출하며 실제로 상당한 수준의 전문가도 편지의 내용을 모두 이해하는 것이 힘들 때가 많다. 만약 중요한 내한 선교사 편지에도 Bliss-Tyler Correspondence에서 사용한 방법이 적용된다면 편지에 대한 연구와 활용도가 크게 향상될 것이다.

5) 1916-1923년 편지 프로젝트(Letters 1916-1923)

"Letters 1916-1923"는 아일랜드 사람들이 1916-1923년에 쓴 편지를 대상으로 하는 디지털 인문학 프로젝트이다. 2013년 처음에 이 프로젝트를 시작했을 때는 1916년 한해 쓴 편지로만 제한했다가 아일랜드연구위원회(Irish Research Council)의 보조금을 받아 수집 대상의 편지 기간을 아일랜드 내전이 끝나는 1923년까지로 늘렸다. 이 프로젝트는 더블린에 위치한 메이누스아일랜드국립대학(National University of Ireland, Maynooth), 트리니티대학(Trinity College)과 아일랜드국립디지털보존소가 공동으로 운영하고 있다.[14] 이 아카이브의 특징은 대중들도 자유롭게 참여할 수 있다는 점인데, 프로젝트 운영자들은 이를 위하여 크라우드소싱(crowdsourcing)방법을 이용해 큰 성공을 이루었다.

이 디지털 아카이브가 대상으로 삼고 있는 편지는 1915년 11월 1일에서 1923년 사이에 작성된 것이다. 이 기간 중 아일랜드는 영국으로부터 독립을 위한 무장봉기(1916년)와 이어지는 아일랜드 독립전쟁(1919-1921년)

14) Letters 1916-1923. 〈http://letters1916.maynoothuniversity.ie〉(검색일: 2018.11.15)

및 아일랜드 내전(1922-1923년)을 겪었다. 2013년부터 정부는 이 격동의 기간에 아일랜드인들이 작성한 편지를 소장하고 있는 사람이면 편지의 내용에 상관없이 모두 기증해 줄 것을 공포하였다.[15] 이 프로젝트의 결과물인 첫 디지털 아카이브 웹사이트가 2016년에 개설될 때에는 이미 2,400통이 넘는 편지가 개인과 기관으로부터 기증이 되었다. 2,000명이 넘는 자원 봉사자들이 손 글씨로 되어 있는 편지들을 타이프로 옮기는 작업을 하여서, 이미지로 검색이 가능한 데이터베이스가 구축된 것이다.

이 프로젝트를 통하여 수집된 편지 중에는 아일랜드 의용군 지도자였던 에이먼 칸트(Éamonn Ceannt)나 민족지도자 로저 케이스먼트(Roger Casement) 같은 역사적인 인물들의 편지에서부터 평범한 아일랜드 청년이 약혼녀에게 쓴 연애 편지까지 다양하다. 편지의 원본은 기증하지 않아도 되었고, 편지의 보유자가 스캔한 사본을 직접 웹사이트에 업로드하는 방식으로 진행하였다. 또한 아일랜드와 미국 등 37개의 크고 작은 기록관과 도서관 소장 편지와 사진을 이 디지털 프로젝트에 포함시켰다.[16]

이 아카이브 프로젝트를 주도하는 메니누스국립대학의 스크레이맨(Susan Schreibman) 교수에 따르면 프로젝트의 목표는 약 100년 전 아일랜드에 살았던 일반 사람들의 이야기를 생생하게 보존하고 전달하는 것이며, 이를 통하여 아일랜드 국민들이 그들의 현대 역사 중 가장 격동적인 시기를 어떻게 이겨냈는지 총체적으로 이해하려는 데 있다고 설명한다.[17] 따라서 주류 기록 기관이 방관하거나 잊고 있었던 격동의 기간

---

15) Schreibman, Susan. "Public Invited to co-create 1916 Letters Project." *The Irish Times.* August 4, 2014. 〈https://www.irishtimes.com/culture/heritage〉(검색일: 2018. 11.15)

16) Letters 1916-1923, Institutions. 〈http://letters1916.maynoothuniversity.ie/wp-post/about%2Finstitutions〉(검색일: 2018.11.15)

17) 위 Schreibman 글.

동안 사회 전체가 경험했던 다양한 기억이 총체적으로 드러나도록 한 것이다. 이 프로젝트는 국가 기관이 일방적으로 정보를 제공하는 것이 아니라 대중들이 직접 참여하는 쌍방향적인 웹사이트를 개설하여 식민지 통치와 정치적 혼란의 기간을 지낸 아일랜드의 다양하고 묻혀있었던 소리를 들을 수 있게 한 프로젝트이다.

메인 페이지는 6개의 섹션으로 나눠져 있는데 (1) 프로젝트에 대한 정보를 얻을 수 있는 'About' (2) 편지를 검색하고 읽을 수 있는 'Explore the collection' (3) 편지와 관련된 시각화가 가능한 'Visual Exploration' (4) 편지를 타이프 치는 것으로 기여할 수 있는 'Contribute' (5) 교육 지원, 발행물, 강의 등의 정보를 제공하는 'Resources'와 (6) 소셜 미디어와 자원자를 소개하는 'Community'이다. 〈그림 10〉은 'Explore the Collection'의 기본 설정 이미지인데 구축된 편지 데이터베이스를 통해 키워드로 편지를 검색할 수 있게 되어 있다.

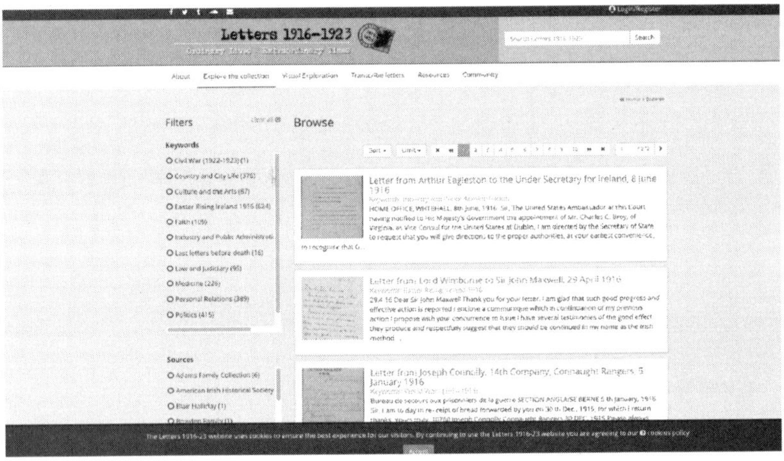

〈그림 10〉 Letters 1916-1923의 'Explore the collection'

이 디지털 편지 아카이브의 특징은 한 공동체가 함께 경험했던 역사의 격동하던 특정 기간에 쓰인 편지를 주제에 관계없이 모아 보면 그 안에 후손들이 간직해야 할 사회의 기억이 담겨 있음을 전제로 하여 시작한 것이며, 이를 입증한 것이다. 특별히 국가 차원에서 '부활절 봉기' 100주년을 기념하여서 실시했다는 점도 큰 특징이라고 할 수 있다. 이런 편지 수집을 통하여 그 민족의 아픔과 이를 이겨내려는 국민적 시도를 하였고, 이에 국민들이 직접 참여하는 프로젝트를 수행하였다는 점도 높이 평가된다. 나아가 이렇게 수집된 편지들은 대중이 쉽게 접근할 수 있는 디지털화의 방법으로 국민들 앞에 제공한 것이다. 예를 들면 이 프로젝트는 음성으로 편지를 들을 수 있게 했다. 아마도 이 음성 편지들이 당시의 상황을 재현해 놓은 가시적인 장치와 잘 어우러진다면 더욱 의미 있고 국가적인 프로젝트가 될 것이다.

6) 마틴 루터의 바르트부르크 서신(Martin Luther's Wartburg Correspondence)

디지털 아카이브는 위의 사례처럼 정부나 큰 재단에서 엄청난 재원을 지원받아 컴퓨터 기술이 능통한 인력을 구축한 후에야 가능한 것만은 아니다. 개인적으로도 오픈소스 디지털 툴을 사용하여 옛 편지들의 관한 정보를 현재 관심 있는 사람들이 손쉽게 접근할 수 있도록 제공하는 프로젝트도 가능하다. 지난 수년 사이 미국의 대학 도서관은 앞을 다투듯이 '디지털 인문학 센터' 혹은 '디지털 인문학 서비스'를 개설하였다(Posner, 2013, pp.43-44). 미국 위스콘신 주에 위치한 마케트대학교(Marquette University)의 레이너기념도서관(Raynor Memorial Library)이 좋은 예인데, '디지털 학문(Digital Scholarship)'이라고 불리는 도서관 서

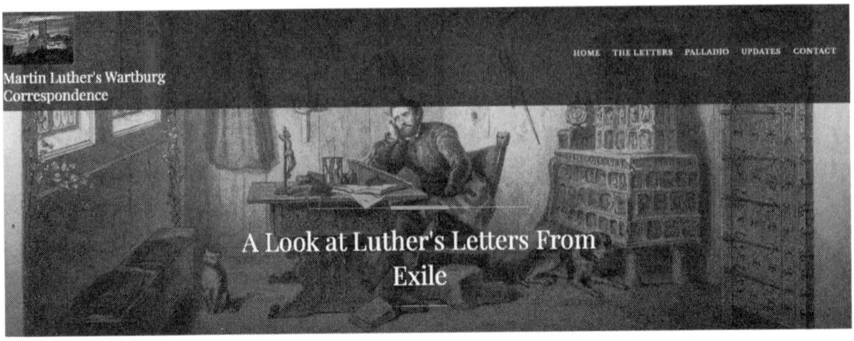

〈그림 11〉 Martin Luther's Wartburg Correspondence 메인 페이지

비스로 교수들과 학생들이 새로운 디지털 기술 도구와 방법론에 관한 지식을 쉽게 얻을 수 있도록 편의를 제공하고 있다. 특히 이 대학은 도서관 내에 '디지털학문 실험실(Digital Scholarship Lab)'라는 공간을 만들어 학생들의 참여를 지원하는데, 그곳에서 학생들도 적절한 도구와 전문 사서들[18]의 지원을 받아 개인적으로 디지털 프로젝트를 용이하게 수행할 수 있게 하였고, 이 중 우수 작품은 도서관 웹사이트를 통해 소개하였다.[19] 이를 통하여 세상에 알려진 우수 작품 중에는 마틴 루터(Martin Luther, 1483-1546)의 편지 프로젝트가 있다(〈그림 11〉 참조).

이 프로젝트의 이름은 'Martin Luther's Wartburg Correspondence'

18) 학부학생 총 8,238명인 Marquette 대학교 도서관에는 디지털 학문 전문 직원들 4명(Coordinator for the Digital Scholarship Lab, Digital Media Specialist, Digital Humanities Specialist, Assistant Dean for Digital Scholarship)이 근무하고 있다. 이들 직원들은 집중 분야를 나눠서 서비스를 제공하고 있다. (1)텍스트 분석, 디지털 학문 프로젝트 계획, 교수지원; (2) 디지털 학문 프로젝트 계획, 웹발행, TEI, 데이터 시각화, 디지털 교수법; (3)오디오와 비디오 도구, 오디오편집, 포스터 디자인; (4)디지털 인문학 도구와 방법론, 포토샵, 소셜 미디어와 블로그다. 〈http://www.marquette.edu/library/digital-scholarship/the-lab〉(검색일: 2018.11.15)

19) Marquette University: Digital Scholarship Lab Gallery. 〈https://epublications.marquette.edu/dslgallery〉(검색일: 2018.11.15)

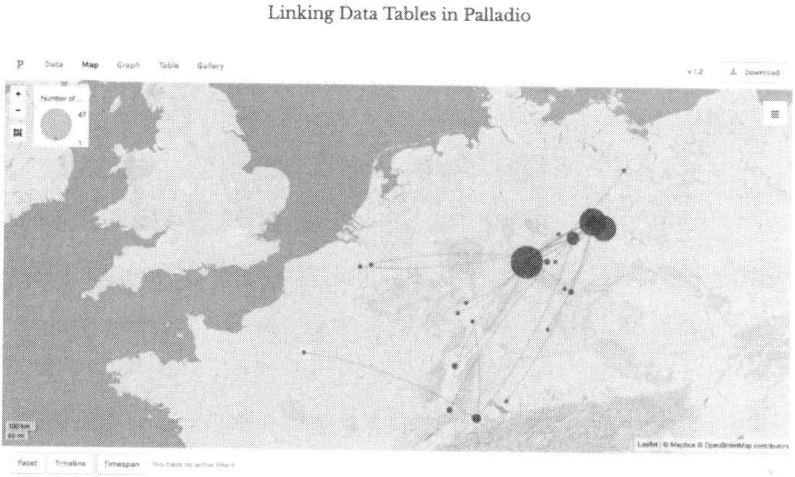

〈그림 12〉 Martin Luther's Wartburg Correspondence 시각화

인데, 독일의 종교 개혁가인 루터가 바르트부르크성에서 쓴 편지를 대상으로 한다. 프로젝트의 수행자는 가톨릭 예수회 대학교인 마케트대학교 대학원에서 역사신학을 전공하는 대학원생인 Samuel Young이었다. 당시 그의 연구 관심사는 루터였는데, 그는 1521년 루터가 가톨릭교회로부터 파문당하여 11개월 동안 바르트부르크에서 신분을 감추고 숨어있던 시절 그가 쓴 편지 81통에 관한 정보의 메타데이터를 작성하였다. 그리고 이 데이터를 중심으로 루터가 편지했던 관계망을 시각화하였다(〈그림 12〉 참조). 즉, 편지의 수신지, 날짜, 수신인, 주제, 편지에서 언급되는 인물 등의 시공간적 정보를 수집한 후 디지털 기술을 사용하여 데이터를 시각화 한 것이다. 이를 통해 그는 루터의 관심과 어려움을 대처하던 방식을 시간과 공간의 시각화한 맥락에서 조명해 보게 된다. 특별히 그는 루터의 삶이 고난 속에 있던 특정한 기간에 집중적으로 쓴 편지들을 디지털 인문학 프로젝트로 다룰 때, 그동안

지면상으로만 편지를 연구할 때에는 잘 볼 수 없었던 루터의 신학과 바르트부르크의 기간에 대한 포괄적인 시각을 갖게 할 수 있다는 자신의 견해를 피력하였다.[20)]

이 프로젝트는 루터가 편지를 주고받았던 대상이 누구이며, 그 횟수를 가시화하였고, 그의 편지에 등장하는 모든 인물들의 네트워크를 눈으로 볼 수 있게 만들었다. 이런 관계망 지도를 통하여 Young은 루터가 가장 어려웠던 위기의 기간 중 그는 어떤 생각을 하며 무슨 활동에 주력했는지에 관한 "큰 그림"을 볼 수 있도록 한 것이다.

이 프로젝트가 가지고 있는 가장 큰 특징은 컴퓨터에 능하지 않은 한 개인이 적은 비용으로 이런 프로젝트를 수행할 수 있음을 보여 준 것이다. 그가 이런 프로젝트를 성공리에 할 수 있었던 기초는 그가 수학하던 대학 도서관의 도움 덕분이다. 앞서 설명한대로, 마케트대학은 디지털 학문을 개인들이 활용할 수 있도록 장을 열어주는 정책을 펼쳤고, 이를 위하여 도서관에 전문 직원들 4인을 배정하여 적극적으로 후원하였다. 컴퓨터에 능하지 않은 사람들도 쉽게 이 기술을 익혀서 각자의 학문 분야에 적용해 볼 수 있도록 한 것이다. Young은 그의 프로젝트를 위해 이미 출간된 루터의 편지에 관한 책들과[21)] 기존 자료를

---

20) Raynor Memorial Libraries, Digital Scholarship Lab: Finishing Up My Time at the DSL. 〈https://medium.com/dslab/finishing-up-my-time-at-the-dsl-ef45e7c3707〉(검색일: 2020.6.8)
루터가 바르트부르크에 있던 약 10개월의 기간은 그가 생명의 위협을 느끼면서 강렬하게 작업했던 시기로 이 때에 루터는 크게 두 가지 일에 집중한다. 첫째는 신약 성경을 독일어로 번역했으며, 둘째는 바르트부르크 및 다른 지역의 개혁운동이 어떻게 돌아가는지 알기위해서 많은 편지를 썼다. 그의 편지는 단순한 안부와 정보 파악을 넘어서 불필요한 신학 논쟁을 막고 지나친 근본주의가 발흥하는 것을 중지시키려 목적도 있었다. 〈https://thewartburgletters.wordpress.com〉(검색일: 2020.6.8)

21) 현재까지 알려진 마틴 루터의 모든 편지는 책으로 출판되었고, Young은 이 프로젝트를 위해 7개의 출판물을 이용하였다.

통하여 81통의 편지에 관한 메타데이터를 엑셀 파일로 만들었는데 오픈소스 코드 공유 플랫폼 '깃허브(GitHub)'에 공유하고 있다.[22] 이 프로젝트는 스탠퍼드대학교 Humanities+Design팀이 개발하여 누구나 자유롭게 쓸 수 있도록 도구 팔라디오(Palladio)를 사용하였다. 이는 Young이 개인적으로 이러한 프로젝트를 할 수 있게 한 결정적인 도움을 준 프로그램이다.

이상으로 여섯 개의 디지털 편지 아카이브 사례를 살펴보았고, 아래의 표는 여섯 개의 사례에 대한 구체적인 내용을 도표로 요약한 것이다.

〈표 14〉 편지를 주제로 한 디지털 아카이브 사례

프로젝트	Cultures of Knowledge	Mapping the Republic of Letters	CKCC	Bliss-Taylor Correspondence	Letters 1916-1923	Martin Luther's Wartburg Correspondence
주제	16-18세기 지식인들의 편지	17-18세기 계몽주의 지식인들의 편지	17세기 네덜란드 과학인들의 편지	블리스와 테일러 부부가 나눈 편지	1916-23 아일랜드인들의 편지	마틴 루터가 바르트부르크성에서 쓴 편지
원문 제공	Yes/No	No	Yes	Yes	Yes	No
특징	union catalogue	mapping; network	network; mapping; timeline	annotation; timeline	crowd-sourcing	mapping
지원	Andrew Mellon Foundation	National Endowment of Humanities	Netherland Org. Scientific Research 등	Harvard University	Irish Research Council	Marquette University Library*

22) Github: samuelleviyoung/thewartburgletters〈https://github.com/samuelleviyoung/thewartburgletters〉(검색일: 2020.6.8)

웹 오픈 날짜	2009	2008	2013	2013	2016	2018
기관	University of Oxford	Stanford University	University of Utrecht; Huygens ING	Dumbarton Oaks/ Harvard	National University of Ireland, Maynooth	Marquette University, Raynor Library's Digital Lab
담당	Howard Hotson	Dan Edelstein	Wijnand Minjhardt	James Carder	Susan Chreibman	Samuel Young
URL	http://www.culturesofknowledge.org	http://republicofletters.stanford.edu	http://ckcc.huygens.knaw.nl	https://www.doaks.org/resources/bliss-tyler-correspondence	http://letters1916.maynoothuniversity.ie	https://epublications.marquette.edu/dslgallery/6/

8. 내한 선교사 편지의 디지털 아카이브의 구축 원리

앞서 살핀 여섯 개의 선진 사례에는 본 연구를 통해서 수행하려는 선교사 편지를 디지털 아카이브로 구축하는데 기반이 될 수 있는 핵심 요소들이 포함되어 있다. 8장에서는 이런 요소들을 분석하여, 이를 내한 선교사 디지털 아카이브의 구축하는데 필요한 기반으로 제시하려고 한다. 여섯 개의 사례가 보여주는 중요한 원리 중 내한 선교사 디지털 아카이브를 구축하는데도 핵심 요소가 될 수 있는 것은 다음과 같다.

첫 번째 주목할 원리는 협력과 표준화의 중요성이다. "CK"(Culture of Knowledge, Oxford, 2009)는 협력과 표준화를 중요시한 대표적인 모델이다. 이는 "CK"가 16-17세기 지성인들의 편지를 이미 목록화해 놓은 다른 기관들과 협력하여 기초 정보를 수집하고, 방대한 자료들이 서로 연결되도록 표준화하였기 때문이다. 이 데이터는 이후 이와 비슷한 프로젝트를 위한 기초자료로 공유되어 또 다른 차원의 협력 모델을 보여주었다. 이렇게 구축된 메타데이터는 현재 약 15만 통의 편지와 관련된 정보를 포함하고 있다. 이는 약 2만 통으로 추정되는 내한 선교사 편지는 디지털 아카이브로 구축이 가능한 규모임을 시사하는 것이다. 나아가 여러 기관의 협력을 이끌어내기 위해서 신뢰성 있는 중심 기관의 역할이 중요하다는 것도 보여준다.

협력과 표준화의 중요성은 또 다른 예인 "Mapping the Republic of Letters"에도 잘 나타나는데, 이는 비슷한 시기에 시작한 "CK"에 비해서 한층 업그레이드된 디지털 기술을 사용하여 구축해 놓은 웹사이트이다. 이 사이트에서는 인물 혹은 사건별로 편지를 분류할 수 있도록 메타데이터를 구축하였고, 특정인이 쓴 편지 전체를 한 목에 연구할 수 있도록 구비하였다. 이를 바탕으로 특정한 인물들에 대한 개별 연구의 진행을 장려하여 여러 명의 학자들이 각각 특정인의 편지를 연구한 후 이를 한데 모아 그 결과물을 연동하여 사용할 수 있는 기반을 마련한 것이다. 여기서 주목할 것이 이 프로젝트가 사용한 표준화를 위한 기술적 방법이다. "CKCC"(Circulation of Knowledge, Netherland, 2013)와 "Letters 1916-1923"(Ireland, 2016)은 모두 편지의 텍스트를 제공하며 TEI(Text Encoding Initiative) 표준법을 사용한다. 이렇게 표준화를 위한 기술적인 방법이 확고해지면, 그 프로젝트는 누구나 참여할 수 있는 열린 프로젝트로 수행이 가능해진다. 또한 표준화가 성공되면 큰 차원의 협력을 이끌어 낼 수 있으며, 방대한 자료들을 협력을 통하여 디지털화할 수 있게 된다.

두 번째 주목할 원리는 자료를 시각화하여 지도, 관계망, 각주, 인물 사전, 지명 사전으로 쉽게 연결하고 나아가 편지의 이미지들을 제공 할 때에 이용자들이 시각적으로 편리하게 접근할 수 있도록 지원하는 디지털 기법이다. 이런 실례는 CKCC에서 찾아볼 수 있다. 이는 5–6년 앞서 시작한 CK나 "Mapping the Republic of Letters"보다 시각화 면에서 월등히 앞선다. 인문학적인 자료는 시각화를 통하여 대중적으로 활용도를 높일 수 있다. 특히 편지 자료는 시각화의 도움을 받는다면 비전문가들도 연구할 수 있는 자료가 될 수 있다. 선교사 편지를 읽으면서 그 편지에 나타나는 인물, 장소, 그리고 중심이 되는 내용을 디지털 기법으로 쉽게 관련 자료와 연결하여 파악할 수 있도록 지원하는 것이 관건이다. 선행 사례 중 "Bliss–Taylor Collection"은 연구대상이 되는 편지에 주석과 상호 참조를 전문적으로 제공하는 대표적인 프로젝트이다. 주석은 전문 용어의 해설에서부터 관련 인물과 사건의 배경은 물론 미술품이 어떻게 수집되었는지에 관한 구체적 경로까지 거의 모든 전문적인 정보들을 담고 있다. 또한 서로 관련된 내용을 포함하고 있는 편지들의 경우에는 이들을 상호 참조로 연결해 놓아 연구자의 수고를 크게 덜어 주었다. 따라서 이 프로젝트의 원리를 내한 선교사 편지를 디지털 아카이브를 구축할 때에 사용한다면, 전문적 연구자들을 위하여 유익한 도구가 될 것이다.

내한 선교사 편지는 선교의 역사를 통하여 그 편지가 쓰인 구체적인 정황을 파악할 수 있다. 이는 내한 선교사 편지에도 서로 연결된 내용을 다루고 있는 예가 적지 않기 때문이다. 또한 선교사의 편지에는 주변 인물들에 대한 언급이 종종되고 있는데, 이러한 인물들을 각주로 해설해 준다면 연구자에게 유용할 것이다. 예를 들어 6장에서 다루었던 알렉산더 가문 문서에서 보관된 의사 다니엘의 편지에는 동료 의사였던 포사이드가 한국의 폭도에 의해서 상해를 입은 사건에 관한 내용을 쓴 편지가 있다. 이에 "Bliss–Tyler Correspondence" 모델에 따라 이 사건의 전모에 대한 주석과 같은 주제를 다루고 있는 다른 편지 및 기록 자료를 통해 연결해둔다면 연구자들은 손쉽게 한국 역사에 숨겨진 사실들에 접할 수 있게 될 것이다.

세 번째 주목할 원리는 누구든지 큰 비용을 들이지 않고 손쉽게 만들 수 있는 프로젝트도 가능하다는 점이다. "Martin Luther's Wartburg Correspondence"는 역사 신학을 공부하는 대학원생이 루터가 종교개혁을 주도하기 시작하면서 가장 고통스런 기간에 작성한 81통의 편지를 연구하는 과정에서 이를 쉽게 이해하기 위해서 디지털 인문학 기법을 사용하여 시각화한 것인데, 비용이 들지 않았다. 그동안 디지털 아카이브는 많은 비용과 여러 명의 연구진이 필요한 것이라는 기존 관념을 바꾸는 사례이다.

이런 세 가지 원리를 잘 조합하면, 약 2만 통에 달하는 북미 기록관 소장 내한 선교사 편지의 디지털 아카이브 구축은 수행할 만한 프로젝트가 될 것이다. 결국 디지털 아카이브가 추구하는 기본 방향은 메타데이터의 수집과 표준화를 통한 통합검색시스템을 구축하고, 이를 새로운 정보 전달 기법으로 더 많이 더 쉽게 활용하도록 하는 것이다. 이런 과정의 핵심에는 정보를 한데 모으는 중심성과 이를 많은 사람이 사용하도록 제공하려는 보편성의 정신이 조화를 이루고 있어야 한다. 그리고 이 두 가지 원칙은 결국 많은 사람들이 협력할 수 있는 공유의 공간을 확보함으로써 실현된다. 방대한 자료가 한 곳에 모아지고, 표준화되어 많은 사람이 공유할 수 있는 정보가 되며, 나아가 이 자료를 가지고 연구하는 연구자들의 결과물이 방대한 정보의 새로운 부분으로 추가될 뿐 아니라 이를 기반으로 새로운 연구의 길이 열리는 것이다. 이처럼 디지털 아카이브의 구축 원리는 자료들을 서로 호환될 수 있도록 연결하여 더 높은 차원의 협력을 이끌어 내는 것이다.

9. 내한 선교사 편지의 디지털 아카이브 구축의 실례

이제 내한 선교사 편지의 디지털 아카이브 구축하기 위한 실제적인 과제를 다루어 보려 한다. 내한 선교사 편지를 위한 디지털 아카이브를 구축하려면 다음 세 가지 실제적인 과제를 숙지하고 있어야 한다. 첫째, 편지의 검색과 관리에 필요한 편지에 관한 정보인 '메타데이터의 항목'을 실효성 있게 구성하여야 한다. 둘째, 약 2만 통에 달하는 편지 전체가 결국에는 통합 검색이 가능하도록 하는 것이다. 이는 독립적으로 수행하는 메타데이터의 구비 작업이 철저하게 국제적인 표준화에 기반을 두도록 하는 것으로 시작하여야 한다. 셋째, 편지를 시각화하는데 효율적이고 다양한 방법을 알고 있어야 한다.

1) 효율적인 메타데이터 요소 구성

메타데이터는 '데이터에 대한 데이터(data about data)'라고 할 수 있다. 편지를 대상으로 메타데이터를 구축한다는 것은 다양한 편지에 대한 정보를 "구조적으로 접근할 수 있도록 하기 위해서 정보 유형을 정리한 2차적인 정보"로(한국기록학회, p.97) 전환하는 작업이라고 할 수 있다. 다시 말해 메타데이터는 각 편지의 식별을 가능하게 하여서, 각 편지에 관련된 정보들을 통해 검색, 관리, 보존을 가능하게 하는 것이다. 따라서 효율적인 메타데이터를 개발하는 것은 편지의 디지털 아카이브를 구축하는데 초석에 해당하는 단계이다.

한편, 내한 선교사 편지의 디지털 아카이브를 구축하는 과정은 오랜 기간 동안 수행해야 할 과제이며 또 공간적으로 떨어져 있는 지역에 있는 여러 명의 기관과 참여자들이 협력하여 수행하여야 할 프로젝트이다. 따라서 메타데이터에 구축할 때는 반드시 국제 표준화를 적용하여야 한다. 왜냐하면 한번 구축한 메타데이터는 미래의 여러 환경 속에서도 호환성 있게 사용되어야 하기 때문이다. 표준화를 고려하는 것은 결국 메타데이터의 상호운영성(interoperability)이 입증된 메타데이터 스키마(요소집합)표준을 채택하는 것이다. 현재 기록 기관에서 가장 많이 사용하는 메타데이터 스키마는 Dublin Core, MODS, EAD, METS 등이고, 디지털인문학에서는 TEI헤더를, 예술과 건축관 관련은 CDWA을 통상 사용하기도 한다. 기관들이 같은 표준을 사용하면 서로 메타데이터 정보를 교환할 때 내용의 손실을 최소한으로 줄일 수 있다. 하지만 서로 다른 표준을 사용하더라도 위에 언급된 국제적으로 통용되는 메타테이터 간에는 매핑(mapping) 혹은 크로스워크(cross-walk)를 통해 메타데이터 요소를 변환할 수 있어 여러 다른 기관의 메타데이터와 연동이 되는 통합검색 시스템을 구축할 수 있다.

메타데이터 표준이 채택되면 이 표준에 맞는 메타데이터의 요소를 설정하여야 한다. 이때에 내한 선교사 편지 아카이브 구축을 위해서는 내한 선교사들의 편지의 특성을 반영하는 메타데이터의 요소를 추가 선정하도록 한다. 7장에서 살펴본 6개의 편지 디지털 아카이브 중 2만개가 넘는 양의 편지를 메타데이터로 구축한 경우, 몇 개의 요소들을 제공하고 있는가를 비교해보면, 이들이 사용하는 메타데이터의 요소는 간단명료한 것이 특징이다. 이는 크고 작은 다양한 기록관, 도서관들이 그들이 소장하고 있는 편지의 메타데이터를 각자가 구축하여 모두에게 제공하는 방식으로 협력하기 때문에, 요소의 수가 많지 않아야 한다. 그래야 누구나 쉽게 참여할 할 수 있게 된다. 따라서 상호호환성이 높은 메타데이터를 구축하려면, 꼭 필요한 요소를 소수로 압축하여도 편지에 대한 정보가 누락되지 않도록 효율적으로 구비된 메타데이터의 요소 설계가 관건이라 할 수 있다.

실례로, 아일랜드의 'Letters 1916-1923'는 8개의 요소로 설계되었다.[23] (1) From(편지 발신자) (2) Date sent(보낸 날짜) (3) Sent from(보낸 장소) (4) Recipient(수신자) (5) Language(언어) (6) Pages(쪽 수) (7) Source(소장 기관명) (8) Original Collection(기관 컬렉션 명) 등이다. 한편, 네덜란드의 'CKKC' 경우에는 각 편지의 (1) Identifier(고유번호) (2) Date Sent(보낸 날짜) (3) Name Sender(발신인 이름) (4) Name Recipient(수신자 이름) (5) Sender Location(보낸 장소) (6) Recipient Location(받는 장소) (7) Main Language(주 언어)라는 7개의 메타데이터 요소만을 사용한다.[24] 그리고 추가로 각 편지가 어느 주요 과학자의 서신 그룹(correspondence)에 소속이 되어 있는지도 표시하였다.[25]

위의 사례와 같이 향후 다양한 기관에 산재되어 있는 약 2만 통에 달하는 내한 선교사의 편지를 디지털 아카이브로 구축할 때에도 되도록 메타데이터의 요소를 간단하게 설계하는 것이다. 하지만, 넘어야 할 과제는 메타데이터의 항목을 간략하게 하면서도 내한 선교사 편지들이 가지고 있는 특징을 감안할 필요가 있다. 예를 들어 편지를 작성한 선교사들의 소속 교단이나 단체에 대한 정보 그리고 이들이 한국에서 어떤

23) Letter 1916-1923 〈http://letters1916.maynoothuniversity.ie/item/6611〉(검색일: 2020.6.8)

24) CKCC Letter Metadata http://ckcc.huygens.knaw.nl/wp-content/bestanden/2012/05/CKCC_Letter_Metadata_20120720.pdf(검색일: 2020.05.10)

25) 6개의 사례 중 가장 먼저 구축된 디지털 아카이브인 영국의 'CK'의 경우는 먼저 5개의 그룹 (entity)으로 분류하고 각 그룹(entity) 안에 구체적인 메타데이터의 요소들을 규정하였다. 5개의 그룹(entity)는 (1) Letter(편지) (2) Manifestation(출판 혹은 미출판된 여러 편지 버전) (3) Agents(사람과 단체) (4) Location(장소) (5) Repositories (소장기관)이며, '편지'라는 그룹(entity) 안에는 날짜, 보낸 이, 받은 이, 내용 요약, 언어로 세분화된 메타데이터의 요소가 있다. 또 '소장기관'이라는 그룹(entity) 안에는 기관명, 도시, 나라, 문서 식별번호 등이 메타데이터 선정이 되어 있다.

종류의 선교 활동을 했는지 등 또한 기본 정보에 포함되어야 할 것이다.

간추리면 메타데이터의 요소는 모든 편지에 (1) 일반적으로 필요한 요소와 (2) 선교사 편지이기 때문에 추가되어야 할 요소로 구분하여야 한다. 후자에는 교단에 대한 정보 등 선교 활동에 관한 내용을 포함하되 요소 결정에 신중을 기하여 간단명료하면서도 향후 이용의 패턴이 다양화되는 경우에도 불편이 없도록 하여야 한다. 후자에 추가할 요소로 다음 두 자리를 고려해 볼 수 있다. 첫째, 모든 내한 선교사들의 활동은 크게 "복음, 의료, 교육"의 3가지 타입으로 구별되고 있음으로 선교사의 활동 타입을 요소 포함하는 것이다. 둘째, 5장에서 5가지 유형으로 내한 선교사 편지를 분류하였는데, 이 분류를 메타데이터의 한 가지 요소로 추가하는 것이다. 이러한 두 가지 영역의 구별만으로도 편지의 내용에 대한 윤곽을 잡는데 적지 않은 도움이 될 것이다. 〈표 15〉는 이와 같은 원칙으로 제안해 본 내한 선교사 편지를 위한 메타데이터의 요소 구성의 한 가지 사례이다. 7개의 필수(일반) 요소와 5개의 선택(추가)요소로 매우 기본적으로 구분하였다.

〈표 15〉 선교사 편지 메타데이터 요소 구성

	요소명	필수/선택	요소 설명
1	편지 이름/id	필수	누가 누구에게 보낸 편지인지 표시해주는 일종의 기록물 제목이자 동시에 고유 id
2	저자(선교사)성명	필수	이름 (기혼여성, 결혼 전 이름 포함)
3	수신자 이름	필수	이름 정보 (혹은 기관)
4	편지 날짜	필수	편지에 쓰인 날짜 혹은 추측날짜
5	편지 보낸 장소	필수	주로 편지에 쓰인 장소
6	소장기관	필수	현재 편지 원본을 소장하는 기관

7	소장 컬렉션 명	필수	편지 원본이 포함되어 있는 컬렉션 명
8	편지 받은 장소	선택	수신자가 거주지
9	편지내용 주제	선택	편지 내용 중 주제, 사람, 장소 색인어
10	저자의 사역 타입	선택	복음, 의료, 교육 선교 특정 분야
11	수신자 타입	선택	저자와의 관계; 혹은 유형별
12	저자의 교단	선택	남장(SP), 북장(NP) 등 코드로

2) 호환성과 보존 확보를 위한 제안: TEI

내한 선교사 편지 디지털 아카이브는 세계 여러 곳에 흩어져있는 선교사 편지의 메타데이터만을 모아 통합검색시스템을 구축하는 단계까지만 진행되더라도, 선교사 편지 연구를 위한 적지 않은 공헌이 될 것이다. 그런데 본 연구는 한 걸음 더 나아가, 편지의 메타데이터의 제공을 넘어 편지의 전문을 포함한 '내용'까지 제공하는 디지털 아카이브 구축을 목표로 한다.

(1) 디지털 아카이브를 구축하는 몇 가지 방법

편지의 내용을 포함한 디지털 아카이브를 구축하는 데는 몇 가지 방법이 있다. 가장 쉬운 방법은 원 자료를 스캔하여 편지의 원본 이미지 파일을 웹상에서 이용자들에게 제공하는 방법이다. 현재 미국의 몇몇 기관에서 내한 선교사들의 편지를 이 방법으로 제공되어 있다.[26] 이미지를 통해 편지의 원래 모습을 접할 수 있다는 장점이 있다. 그러나 각 편지마다 메타데이터가 작성된 경우가 아니라면 편지의 저자나 내용을 검색할 수는 없고 또, 원본의 이미지가 손글씨라면, 필체에 따라서

26) 편지의 이미지에 대한 저작권은 대개는 소장 기관이 가지고 있다.

편지를 읽고 이해하는데 시간이 오래 걸릴 수 있다.

또 다른 디지털화의 방법은 원 자료의 내용을 디지털 텍스트로 만들어 제공하는 것이다. 이용자 입장에서는 난필로 쓴 편지이거나 해상도가 낮은 이미지가 주는 판독의 어려움을 덜어준다. 편지의 디지털 텍스트 파일을 만들기 위해서는 일일이 타이프를 쳐서 파일로 만들 수도 있고, 이미지 파일의 문헌을 텍스트 형태 문헌으로 자동 변환해주는 기술인 OCR(Optical Character Recognition)을 사용할 수도 있다. 이는 타이프, 인쇄 혹은 손으로 쓴 문자를 광학적 방법으로 스캐닝을 통해 감지 인식하여 텍스트 파일로 변환시키는 기술이다(김남규 외, 2015, p.943). 이런 식으로 마치 전자책(e-book)같이 편지를 읽을 수 있는 아카이브를 구축한다면 편지의 이미지만 보여주는 것보다는 다소 나을 것이다. 하지만 여전히 편지 내용에 대한 해설이나 주요 내용의 검색은 불가하다.

편지의 내용을 보여주는 또 다른 방법은 디지털 텍스트 제공과 더불어 각 편지에 대한 메타데이터는 기본이고 주석, 인물사전, 지명사전 또한 편지 아카이브 전체에 대한 서론까지 포함된 이른바 학술전자판(scholarly digital edition)형 디지털 아카이브이다. 이런 종류의 디지털 아카이브를 구축하려면 시간과 비용이 많이 걸린다는 단점이 있지만 텍스트에 대하여 의미 있는 연구를 하려는 관심자들에게는 편지에 관련된 다양한 해설이 함께 제공되기 때문에 연구에 매우 유용한 툴(tool)이 될 수 있다. 앞 장에서 본 Bliss-Tyler Correspondence, CKCC 등이 학술전자판 종류의 디지털 아카이브라고 할 수 있다.

이상적인 학술전자판형 내한 선교사 편지의 온라인 발행 모습은 편지의 원본과 영어 본문, 한국어 번역본을 제공하고 주석을 제공하는 것이다. 〈그림 13〉의 예는 목포의 의료 선교사 놀란이 1905년 1월 3일에 작성한 편지인데 영어 번역문을 제공한 것이다.[27] 그리고 이러한 편지의 이해

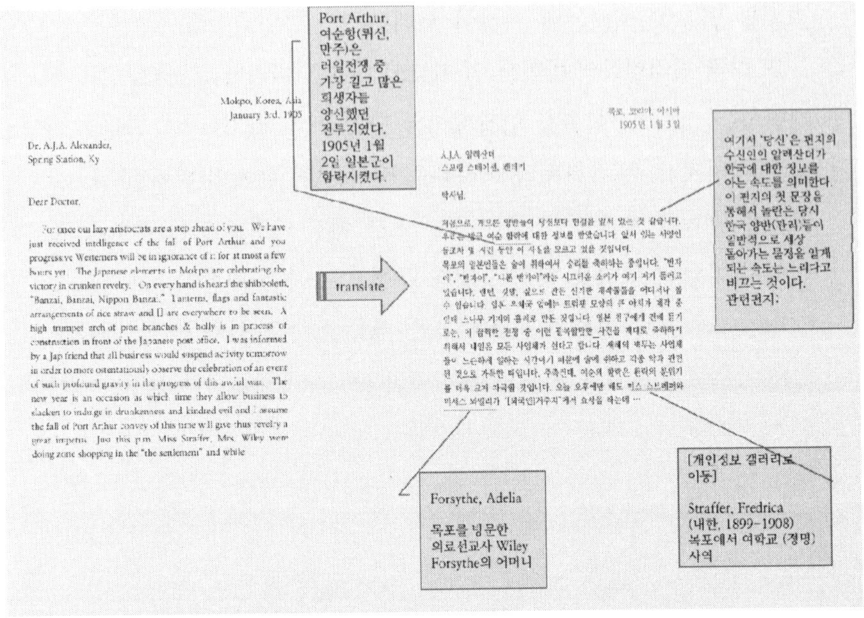

〈그림 13〉 놀란의 1905년 1월 3일 편지 내용을 타이프, 번역, 주석한 모습

를 돕기 위한 각주를 삽입하는 작업이다. 이 편지는 러일전쟁 때 목포 거리의 모습을 놀란이 비교적 상세하게 적은 것이다. '뤼순 함락' 등은 역사적 주해가 필요해서 이런 식으로 문맥을 이해하는데 도움을 주려고 한다. 또한 목포 정명여학교에서 가르쳤던 선교사 스트래퍼(Frederica E. Straffer, 1868-1939)같은 선교사 이름에는 개인정보 갤러리로 이동할 수 있게끔 되면 편지를 읽으면서 문맥을 이해하는데 도움이 될 것이다.

27) 원본 이미지는 소장기관의 허락을 받아야 해서 생략한다.

(2) 인코딩의 필요성과 TEI

이런 식으로 주석이 달린 아카이브를 구축하기 위해서는 편지의 내용을 텍스트 파일로 먼저 만든 후, 인코딩(encoding) 작업을 하여야 한다. 인코딩이란 컴퓨터가 인식할 수 있게(machine-readable) 마크업을 하는 것이다. 어떻게 마크업을 하느냐에 따라, 즉 어떻게 텍스트에 표식을 하는가에 따라서 컴퓨터가 텍스트에 표식한 정보들을 나타낼 수 있게 된다. 6장에 언급한 몇몇 미국과 유럽의 디지털 편지 아카이브 사례들에서 보았듯이, 이들은 단순히 디지털 형태의 편지 자료를 모아 놓은 차원을 넘어, 자료를 의미있게 분석하고, 어떤 편지와 관련된 정보를 활용하여 편지가 작성된 맥락까지 살펴보는 것을 가능하게 하였다. 이렇게 구축된 디지털 아카이브의 자료들은 같은 방법을 사용하는 다른 디지털 아카이브 자료들과 연동된다. 인코딩에는 표준이 있기 때문에, 표준을 준수하면서 인코딩을 진행하면, 한 번 인코딩한 텍스트는 표준화된 메타데이터처럼 향후 지속적으로 다른 연구에도 사용할 수 있게 된다. 인코딩을 통해 다양한 영역의 검색과 분석 그리고 자료의 가시화 및 상호 연결이 이룰 수 있다.

현재 인문학 분야에서 가장 많이 사용하는 텍스트 인코딩 표준은 Text Encoding Initiative(이하 TEI)이다.[28] 앞서 7장에 언급한 6개의 선행 디지털 아카이브 모델 중에는 네덜란드의 'CKCC'와 아일랜드의 'Letters 1916-1923'가 TEI를 따르고 있는데, 그 외에도 TEI가 표준을 따라 편지를 대상으로 한 디지털 아카이브가 구축된 사례는 많다.[29] TEI는 텍스트

28) TEI: Text Encoding Initiative. 〈http://www.tei-c.org〉(검색일: 2018.11.15)

29) "Vincent Van Gogh, the Letters," 〈http://vangoghletters.org〉; "Carl Maria von Weber Gesamtausgabe," 〈https://weber-gesamtausgabe.de〉; "Colonial Despatches," 〈https://bcgenesis.uvic.ca〉; "Repertorium of Old Bulgarian Literature and Letters," 〈http://repertorium.obdurodon.org〉 등이 있다. TEI: The Projects Using the TEI.

자료를 전산 기술을 통해 효율적으로 분석하는 데 관심이 많은 인문학자들의 필요에 의해서 계발된 기법이다. 컴퓨터가 텍스트의 의미를 찾아내고 어휘와 내용을 분석할 수 있도록 텍스트에 일정한 '마크'를 할 뿐만 아니라, 이런 과정을 상호 운영의 원리에 따라 표준화하였다. TEI의 활용에 있어서는 가이드라인이 매우 중요하다. 이를 위하여 TEI 컨소시엄이 정기적으로 TEI의 가이드라인을 업그레이드 하고 있다. 특히 2007년 발표한 P5 가이드라인(P5 Guidelines)은 텍스트 전산화 규칙을 더 높은 수준으로 체계화한 것이다. TEI는 내한 선교사편지 컬렉션을 디지털 아카이브로 구축하는데 유용한 기술적 방안이 될 수 있을 것으로 전망한다.

(3) TEI 마크업의 이해

TEI는 마크업 언어인 XML(eXtensible Markup Language)을 함께 사용한다. 모든 TEI 문서는 기본적으로 헤더(Header)와 텍스트(Text)로 구성된다. '헤더'에는 문맥적 정보가, 즉 메타데이터의 요소인 편지의 저자, 받은 사람, 보낸 장소, 받은 장소 등이며 이며, '텍스트'에는 본문 그 자체가 들어간다. 특히 TEI를 사용하여 편지를 대상으로 하는 디지털 아카이브를 구축한 연구자들의 모임인 "TEI 서신 관련 특별 그룹"(The TEI Special Interest Group on Correspondence)이 2013년부터는 대책위원회를 구성하면서 학문적 편지 텍스트의 TEI 인코딩을 더욱 발전시키는 노력을 기울였다(Stradler, Illetschko, Seifert, 2017, para.18). 이들의 목표는 메타데이터인 TEI 헤더 내의 고정된 위치에 〈correspDesc〉라는 요소를 넣어 편지와 관련된 핵심적인 메타데이터를 수월하게 인코딩할 수 있게 하는 것이다.

〈http://www.tei-c.org/activities/projects/〉(검색일: 2020.6.5)

TEI의 특징은 어떤 시대 자료이든, 또 어떤 언어로 된 텍스트이든 이를 지원할 수 있고, 또 소프트웨어에 의존하지 않기 때문에 실용성이 높다. 나아가 새로운 기술의 변화를 수용하기 쉽고, 새로운 연구 분야를 위해 맞춤형으로 지원이 가능하여 향후 TEI를 사용하게 될 분야는 더욱 많아질 것으로 전망된다. 무엇보다도 TEI가 가장 유익한 분야는 학술적으로 텍스트를 상호 교환 및 통합 검색을 하여야 하는 영역이다. TEI는 이런 요구에 대한 유연성이 탁월하다. 내한 선교사 편지 연구가 협력에 기반을 두어야 한다면 이를 위하여 중추적인 역할을 하게 될 디지털 아카이브도 또한 다양한 형태의 협력이 가능하도록 국제 표준화의 기준을 따라야 할 것이다. 이렇듯 국제적 표준화된 방법에 따라 디지털 아카이브를 구축하면 현재의 협업은 물론 미래에도 현재 구축한 자료들을 새로운 환경 속에서 지속적으로 사용할 수 있게 될 것이다. 또한 연구자들이 서로 다른 공간에 있어도 협력적인 연구가 가능하며, 또 오프라인에서는 만날 수 없었던 연구자들과의 접촉과 연결도 수월해질 것이다. TEI는 내한 선교사편지 컬렉션을 디지털 아카이브로 구축하는데 하나의 유용한 기술적 방안이 될 수 있을 것으로 전망한다.

(내한 선교사 편지의 TEI 인코딩 사례는 〈부록 1〉을 참조)

3) 시각화를 위한 기법들

여기서는 편지의 메타데이터를 작성한 후에 이를 기초로 삼아 편지의 주제나 편지를 이해하는데 중심이 되는 배경 혹은 편지에 등장하는 인물들의 관계를 시각화할 수 있는 기본적인 방법을 먼저 소개하고자 한다. 우선 특정한 편지 자료(컬렉션)를 중심으로 메타데이터를 구축해야 하는데, 6장에서 다룬 “개인-B”형에 속한 캔터키역사학회에 소장

	Date	Author	Recipient	Source Locatic	Destination Location	Subjects	Subjects2	Mentions
1	1904.10.7	Thomas Daniel	A.J.A. Alexander	Kunsan, Korea	Spring Station, Kentucky	Financial Support	후원감사	Harrison
2	1904.10.19	Thomas Daniel	A.J.A. Alexander	Kunsan, Korea	Spring Station, Kentucky	Address	주소	
3	1905.1.30	Thomas Daniel	A.J.A. Alexander	Kunsan, Korea	Spring Station, Kentucky	Medical work	병원사역	
4	1905.10.11	Thomas Daniel	A.J.A. Alexander	Kunsan, Korea	Spring Station, Kentucky	Hospital building	군산병원건립	Kestler; Fosythe;
5	1906.1.30	Thomas Daniel	A.J.A. Alexander	Kunsan, Korea	Spring Station, Kentucky	Hospital building	군산병원건립	Earle; Oh
6	1906.12.7	Thomas Daniel	A.J.A. Alexander	Kunsan, Korea	Spring Station, Kentucky	Hospital building	군산병원시설	Kestler; Earle; At
7	1907.10.17	Thomas Daniel	A.J.A. Alexander	Kunsan, Korea	Spring Station, Kentucky	Hospital building	군산병원시설	
8	1909.2.11	Thomas Daniel	A.J.A. Alexander	Kunsan, Korea	Spring Station, Kentucky	Visa for Korean	유학생초청	Bull; Yi Yochia
9	1909.2.16	Thomas Daniel	A.J.A. Alexander	Kunsan, Korea	Spring Station, Kentucky	Japan Gov't	일본정부비협조	Oh; Yi Yochi
10	1909.7.6	Thomas Daniel	A.J.A. Alexander	Boston, Masschu	Spring Station, Kentucky	Congressman lett	유학생초청	
11	1904.8.23	Wylie Forsythe	A.J.A. Alexander	Louisville, Kentuc	Spring Station, Kentucky	Leaving for Korea:	한국행	Clifford
12	1904.9.23	Wylie Forsythe	A.J.A. Alexander	Kobe, Japan	Spring Station, Kentucky	Japan	일본	Johnson
13	1904.10.17	Wylie Forsythe	A.J.A. Alexander	Chunju, Korea	Spring Station, Kentucky	Arrival in Chunju	전주도착	
14	1904.12.13	Wylie Forsythe	A.J.A. Alexander	Chunju, Korea	Spring Station, Kentucky	Language learning	언어습득, 전주의	Avison; Tate; Re
16	1905.4.4	Wylie Forsythe	A.J.A. Alexander	Kunsan, Korea	Spring Station, Kentucky	Forsythe's injury	포사이드상해	Junkin; Bull; Tate
17	1905.10.10	Wylie Forsythe	A.J.A. Alexander	Chunju, Korea	Spring Station, Kentucky	Medical work, Phc	의료선교; 전축	
18	1906.2.9	Wylie Forsythe	A.J.A. Alexander	Chunju, Korea	Spring Station, Kentucky	Medical work	전주의료선교	Junkin; McCutch
19	1906.8.6	Wylie Forsythe	A.J.A. Alexander	Lexington, Kentu	Spring Station, Kentucky	Church growth	전주교회성장	
20	1909.3.20	Wylie Forsythe	A.J.A. Alexander	Mokpo, Korea	Spring Station, Kentucky	Japan, YMCA buil	일본; YMCA빌딩	McCutchen; Earl
21	1909.5.1	Wylie Forsythe	A.J.A. Alexander	Mokpo, Korea	Spring Station, Kentucky	Misson work	선교	Fullerton; Logan
22	1909.8.11	Wylie Forsythe	A.J.A. Alexander	Mokpo, Korea	Spring Station, Kentucky	Hospital building	군산 병원	Harrison; Veneat
23	1909.10.15	Wylie Forsythe	A.J.A. Alexander	Seoul, Korea	Spring Station, Kentucky	General Council o	선교사들 모임	
24	1909.12.15	Wylie Forsythe	A.J.A. Alexander	Mokpo, Korea	Spring Station, Kentucky	Budget cut, missi	선교부예산삭감	
25	1910.3.12	Wylie Forsythe	A.J.A. Alexander	Mokpo, Korea	Spring Station, Kentucky	Evangelism	전도	Oh
26	1910.6.7	Wylie Forsythe	A.J.A. Alexander	Mokpo, Korea	Spring Station, Kentucky	Budget for Korea,	재정	
27	1910.10.11	Wylie Forsythe	A.J.A. Alexander	Mokpo, Korea	Spring Station, Kentucky	More missionary	선교사 추가 지원	Forsythe, Jean
28	1910.11.16	Wylie Forsythe	A.J.A. Alexander	Mokpo, Korea	Spring Station, Kentucky	Gift received, need more workers		Bull
29	1904.4.1	Joseph Nolan	A.J.A. Alexander	Lousville, Kentuc	Spring Station, Kentucky	Missionaries	한국선교지원	
30	1904.4.21	Joseph Nolan	A.J.A. Alexander	Lousville, Kentuc	Spring Station, Kentucky	Meeting with Oh	오긍선 만남	Oh
31	1904.6.1	Joseph Nolan	A.J.A. Alexander	Lousville, Kentuc	Spring Station, Kentucky	Application for Mis	선교사지원	Chester; Bell
32	1904.6.8	Joseph Nolan	A.J.A. Alexander	Lousville, Kentuc	Spring Station, Kentucky	Interview with Che	선교사 인터뷰	Bell; Chester
33	1904.6.16	Joseph Nolan	A.J.A. Alexander	Lousville, Kentuc	Spring Station, Kentucky	Language learning	한국어습득	Moffett
34	1904.7.4	Joseph Nolan	A.J.A. Alexander	Louisville, Kentuc	Spring Station, Kentucky	Graduation	졸업	Chester; Bell
35	1904.9.21	Joseph Nolan	A.J.A. Alexander	Seoul, Korea	Spring Station, Kentucky	Seoul	서울오습	McCutchen
36	1904.11.30	Joseph Nolan	A.J.A. Alexander	Mokpo, Korea	Spring Station, Kentucky	Language learning	언어습득	Junkin; Harrison;
37	1905.1.3	Joseph Nolan	A.J.A. Alexander	Mokpo, Korea	Spring Station, Kentucky	Japanese, Russo-	목포일본인, 러일	Straffer; Bull; Ow
38	1905.1.26	Joseph Nolan	A.J.A. Alexander	Mokpo, Korea	Spring Station, Kentucky	Depression	우울증	McCutchen; Hou
39	1905.3.16	Joseph Nolan	A.J.A. Alexander	Mokpo, Korea	Spring Station, Kentucky	Forsythe's injury	포사이드상해	Daniel; Forsythe
40	1905.5.1	Joseph Nolan	A.J.A. Alexander	Mokpo, Korea	Spring Station, Kentucky	Medical work	목포의료선교	Daniel; Forsythe
41	1905.9.3	Joseph Nolan	A.J.A. Alexander	Mokpo, Korea	Spring Station, Kentucky	Typhoon	목포태풍,	Preston; Bell
42	1905.10.28	Joseph Nolan	A.J.A. Alexander	Mokpo, Korea	Spring Station, Kentucky	Bicycle trip	자전거여행	Junkin; Ross
43	1905.12.26	Joseph Nolan	A.J.A. Alexander	Kwangju, Korea	Spring Station, Kentucky	Medical work	목포의료선교	Avison
44	1906.2.28	Joseph Nolan	A.J.A. Alexander	Kwangju, Korea	Spring Station, Kentucky	Medical work	목포의료선교, 수	Straffer
45	1906.3.11	Joseph Nolan	A.J.A. Alexander	Kwangju, Korea	Spring Station, Kentucky	Hygiene	한국인위생, 한국	Bell
46	[illegible]	[illegible]	[illegible]	[illegible]	[illegible]	[illegible]	[illegible]	

〈그림 14〉 시각화를 위한 알렉산더 문서의 의료선교사 편지 메타데이터

된 '알렉산더 가문 문서' 중 일부인 1904년에서 1910년까지 호남에서 활동했던 의사 선교사 3인이 알렉산더에게 보낸 편지 54통을 대상으로 하려 한다. 54통의 메타데이터 작성을 위하여 'Martin Luther's Wartburg Correspondence' 프로젝트를 참고하였다. 두 편지 자료들은 숫자 면에서 비슷하기 때문이다. 또한 호남 지역 세 의료 선교사가 쓴 54통의 편지에 관한 메타데이터 요소를 결정하는 데 있어, 루터의 메타데이터 설계 구조를 참고하였다. 하지만, 앞서 〈표 15〉에서 제안한 요소를 따라 작성하여 필수요소로는 '저자, 보낸 장소, 수신인, 작성 날짜' 등을 각 편지의 주제 키워드와 편지에 언급된 이름은 선택 요

소로 하였다. 〈그림 14〉에서 보듯 발신인, 수신인, 발신 장소, 수신 장소, 주제 키워드, 편지에 언급된 이름을 정리하였다.

(1) 첫 번째 시각화 기법: 관계망

완성된 메타데이터 파일은 웹 플랫폼 팔라디오(Palladio)[30]를 사용하여 시각화하였다. 팔라디오는 스탠퍼드대학교 Humanities+ Design부서에서 개발하여 2014년에 출시한 인터엑티브 시각화를 위한 시범 애플리케이션으로 인문학 연구자들이 쉽게 사용하도록 디자인 되어 있는데 'Martin Luther's Wartburg Letters'외에도 'Mapping the Republic of Letters'가 부분적으로 사용된 도구이기도 하다. 팔라디오에서는 스프레드시트에 담은 데이터를 CSV 파일로 만들어 단계적으로 업로드하여, 시각화를 할 수 있다.

〈그림 15〉는 팔라디오를 사용하여 앞서 파악한 54통의 의료 선교사들의 편지의 주요 내용을 관계망으로 시각화한 것으로 이는 세 명이 쓴 편지의 주제와 편지에 언급된 인물들을 중심으로 파악한 관계망이다. 편지 주제의 데이터는 선으로 연결된 노드로 표시가 되어 의미적 관계망을 재현해 보았다. 편지의 메타데이터가 충실하게 준비되면, 팔라디오와 같은 비교적 간단한 디지털 기술만 사용하여도 편지의 문맥을 읽는데 도움이 되는 시각화를 이룰 수 있다. 이러한 메타데이터를 사용한 시각화는 편지를 보지 못하거나 편지를 몇 통 읽지 못한 경우에도 이용자들과 연구자들에게 여러 가지 다른 편리를 제공할 수 있다. 즉 1904년에서 1910년까지 알렉산더와 편지를 나누었던 군산, 목포, 전주에서 의료활동을 펼쳤던 세 선교사들의 편지의 메타데이터만 가지고도 편지들과

---

30) Palladio: 〈https://hdlab.stanford.edu/palladio〉

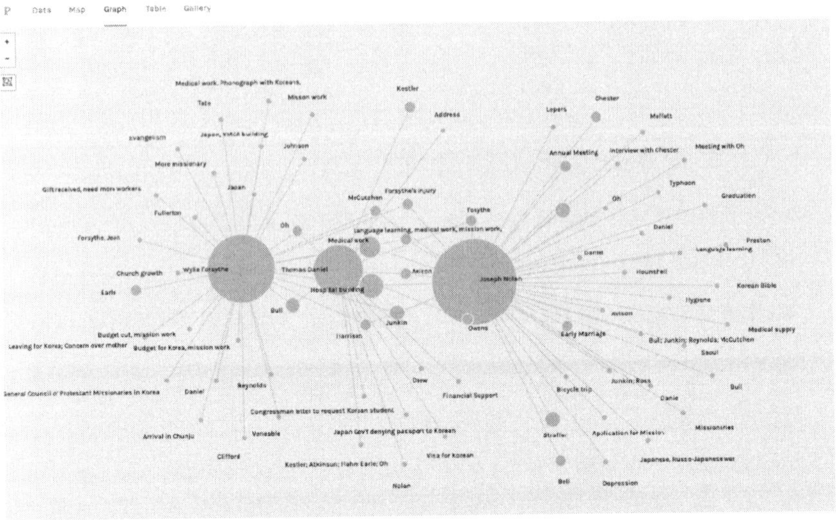

〈그림 15〉 호남지역 의료선교사들 편지의 주제 관계망

관련된 관계망 및 문맥에 대한 분석을 상당한 수준으로 할 수 있다. 따라서 충실한 메타데이터를 구축하고 이를 편리하게 시각화 하는 기법을 확보하는 것은 디지털 아카이브 구축의 중요한 기반이라고 할 수 있다. 한편 팔라디오는 관계망 외에도 발신과 수신 위치를 지도상으로 보여주는 지도와 개인정보 갤러리 등 다른 시각화 방법도 쉽게 연결하여 사용할 수 있게 제공하고 있다.

(2) 두 번째 시각화 기법: 전자 지도

시각화를 위해 쉽게 사용할 수 있는 두 번째 디지털 툴(tool)도 팔라디오와 같이 초보자들도 어렵지 않게 사용할 수 있다. 〈그림 16〉에서는 구글마이매프(Google My Map)[31] 전자지도를 통해 세 명의 의사들이 활동한 병원들을 시각화해준다. 7장에서 보았듯이 지도는 옛 편지를 읽고

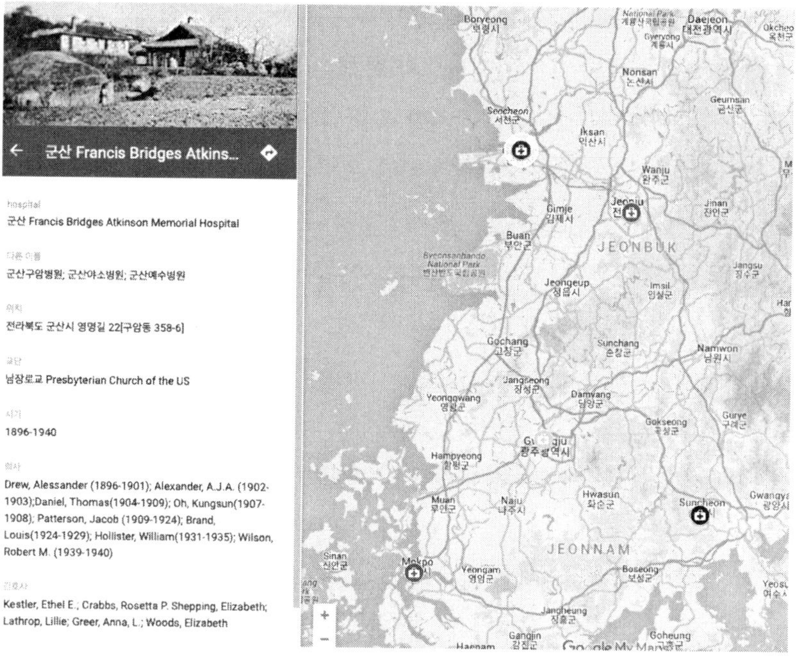

〈그림 16〉 선교사 다니엘이 활동한 군산선교병원 지도와 정보

이해하는 데 상당한 도움을 준다. 예를 들어 이용자들은 3명의 의료 선교사의 편지를 읽다가 편지의 발신지(군산, 광주, 목포, 전주), 수신지(Spring Station, Kentucky) 혹은 편지 내용에 포함된 지리적 위치가 궁금할 때 쉽게 이 장치에 연결하여 필요한 정보를 제공받을 수 있다. 〈그림 16〉은 세 의사들이 활동한 미션 병원들이 표시되어 있는 지도인데 의료 선교사 다니엘이 작성한 편지의 발신지인 군산에 있던 병원의 경우 미국 남장로교가 1896년에 설립된 의료진료소였다는 정보, 또한 편지의 수신인인 알렉산더가 다니엘 직전에 이 진료소를 담당했던 의사였

31) Google My Maps 〈https://www.google.com/maps/d/〉

다는 정보도 얻을 수 있다. 이런 설명들은 편지를 깊이 이해할 수 있는 문맥을 제공하여 준다. 특히 지도와 함께 시각화된 모습으로 제공되는 정보는 기초 이용자들에게 편리한 도구가 될 것이다.

편지 연구에 있어서 편지가 생성된 문맥의 중요성을 강조한 프랑스 역사학자 디센클로(Desclos, 2016, p.183)는 특정 편지에 담긴 내용은 개인의 독립적인 행위에서 비롯된 것이 아니라 "과정의 결과물"이라 규정했다. 다시 말해 편지에 담긴 내용이 "정보 교환, 상업적거래, 정치적 협상, 문화적 혹은 종교적 토론" 등 그 무엇이든 각각의 문맥이 있기 때문에 편지를 연구할 때에는 그 편지가 형성된 문맥을 "재구성"하는 것이 필요하다고 주장했다. 따라서 디지털 아카이브를 구축하여 편지를 학문적 연구의 자료로 제공하려면 그 편지가 형성된 과정 및 다양한 정황을 재구성할 수 있도록 돕는 장치가 필요하다. 이를 위한 한 가지 방법은 위에서 본대로 편지와 관련된 인물들의 관계망 또한 역사적 사건을 한 눈에 볼 수 있도록 하는 것이다.

(3) 세 번째 시각화 기법: 텍스트 분석의 사례

마지막으로 텍스트 분석(text analysis)의 툴로 유용한 보이언트툴스(Voyant Tools)를 사용하여 호남 의료 선교사 중 하나였던 다니엘이 쓴 편지를 시각화한 사례를 보이려고 한다.[32] 보이언트툴스는 팔라디오와 구글마이맵처럼 무료 온라인 툴로 학자뿐만 아니라 일반 대중도 쉽게 이용할 수 있도록 설계되어 있다. 이 툴은 연구의 대상으로 삼은 문서에 특정 단어가 사용되고 있는 빈도에 따라 생성되는 단어구름(Cirrus)과 같은 비교적 단순해 보이는 시각화 작업부터 특정 단어가 다른 어떤

32) Voyant-Tools: https://voyant-tools.org/

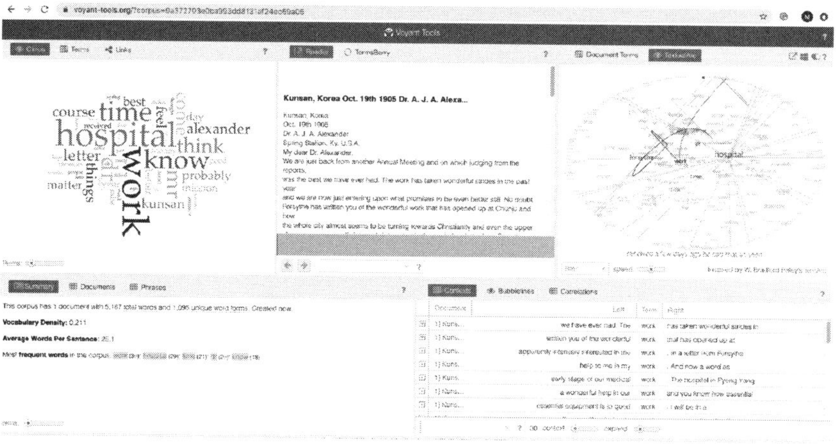

〈그림 17〉 선교사 다니엘이 A. J. A. 알렉산더에게 쓴 편지의 텍스트 분석

단어와 문장 내에서 어떤 단어들과 인접해 있는지 혹은 함께 사용되고 있는지를 계산해 내는 것과 같은 통계 작업까지 총 24개의 다른 툴을 제공하고 있다.

보이언트툴스는 사이즈가 큰 언어 자료를 분석할 수 있는 코퍼스를 위한 것이지만 본 연구를 위해서는 규모가 크지 않은 군산에서 활동했던 다니엘 선교사의 10통의 편지만을 대상으로 사용하였는데 잘 작동하였다. 10통의 편지를 텍스트 파일로 만든 후 그 파일을 업로드시키고, 보이언트툴스를 활성화하여 〈그림 17〉의 결과를 얻어내었다. 〈그림 17〉의 왼쪽 상단에서 볼 수 있는 'Cirrus(단어구름)' 툴과 그 아래 'Summary(요약)' 툴에서 보듯, 다니엘의 편지에서 가장 많이 나타나는 단어는 'work'(30번)와 'hospital'(29번)이었다. 'Summary' 툴에서는 다니엘의 10통의 편지에는 총 5,187개의 단어가 포함되어 있고 1,095개의 독특한 단어 형태(unique word form)가 있다는 정보도 제공한다. 저자가 많이 사용한 단어들에 대한 분석은 종종 그 저자의 관심사를 파악할 수 있는 개관적이

지표가 된다.

〈그림 17〉 우측 상단에는 또 다른 툴인 'TextualArc'를 사용하여 시각화한 것이다. 이 툴을 사용하면 다니엘 편지에서 사용된 모든 단어들,[33] 다시 말하여 전체 텍스트가 한 화면의 타원 안에 나타나게 되는데, 많이 사용한 단어들은 중심에 위치하게 되고 한번 만 사용하는 단어는 바깥쪽에 있게 된다. 즉, 이는 단어의 빈도에 따라 가중치를 부여하고 측위하는 방식(weighted centroid)이다.[34] 또한 텍스트의 시작은 타원의 가장 윗 부분에 위치하고 시계방향으로 돌아가서 마지막 단어가 첫 단어와 만나져 원으로 만들어진다.

〈그림 17〉에 보이는 곡선은 편지의 첫 단어부터 마지막 단어까지 순서대로 이어가는 움직이는 선이다. 타원 안에 있는 모든 단어들은 편지에 등장하는 순서대로 하나씩 선으로 연결되는 장치이다. 원 안에서 움직이는 선은 보기에 다소 혼돈스러울 수도 있다. 하지만 동시에 아래에는 편지 속의 문장들이 마치 영화 자막처럼 지나가는 모습으로 나타나게 되어, 한 줄 씩 집중해서 읽을 수 있게 되어 있으며 선의 움직임은 속도를 조절할 수 있어 흥미롭다. 또한 마우스를 특정 단어에 올리면 텍스트에서 그 단어 바로 다음에 나오는 모든 단어들과 선으로 연결된다. 위 그림은 다니엘이 29회 사용한 'hospital'에 마우스를 올렸을 때 'hospital' 바로 다음에 쓰인 모든 단어들과 연결되는 29개 선이 나타나고 있음을 보여 주는 것이다. 이로 하여금 'hospital' 단어가 전체 텍스트에서 어디쯤 나오는지도 알 수 있다. 이를 통해 다니엘 편지에서 군산 병원을 새로 건축하는 편지가 어디쯤인지 추측할 수 있는 것이다.

보이언트툴스와 같은 텍스트 분석 기술은 데이터를 요약하거나 핵

---

33) 문맥에서 벗어나면 의미가 없어지는 "the" "if" "and" 같은 단어는 포함이 되지 않는다.

34) Voyant Tools Help: TextualArch https://voyant-tools.org/docs/#!/guide/textualarc

심 아이디어를 식별하는 데 도움이 된다. 즉, 수많은 내한 선교사 편지를 한 장 한 장 읽으면서 전체를 이해야 하는 방식이 아닌 멀리서 넓은 시각을 가지고 편지를 대할 수 있는 옵션을 제공하는 것이다. 실제로 디지털 기법을 통한 시각화는 한발 뒤로 물러나 편지 꾸러미들 전체의 모습과 각 편지가 가지고 있는 맥락을 보게 한다. 이러한 시각화는 다수의 편지를 지루하게 읽어야 하는 상황에 매우 적합한 툴이라고 할 수 있다. 큰 틀을 볼 수 있게 하며, 연구할 편지의 집중과 선택에도 되기 때문이다. 이는 방대한 자료 속에서 길을 잃지 않고 목표를 향하여 나아가는 네비게이션과도 같은 역할을 해 줄 것이다.

9장에서는 내한 선교사 편지의 디지털 아카이브 구축의 사례를 세 가지 방향으로 제안하였다. 내한 선교사 편지를 디지털 아카이브로 구축하는 것은 반드시 필요한 작업이며, 이 분야의 연구자들이 거의 예외 없이 바라고 있는 바이다. 따라서 이를 위한 다방면의 노력이 진행되고 있다. 2만 통에 달하는 편지 전체를 한 번의 프로젝트만으로 디지털 아카이브를 구축하는 것은 불가능한 것으로 보인다. 따라서 필요에 따라 상황이 허락하는 대로 일부분씩 분리하여 작업을 수행해야 할 것이다. 이렇듯 각각 다른 사람들에 의해서 일정 규모로 한정된 편지들에 대하여 분리된 프로젝트로 진행하려면, 메타데이터, 인코딩에 있어서 상호 호환적인 방법과 국제적인 표준화의 기준을 따라야 한다. 디지털 아카이브 프로젝트의 성공적으로 수행되기 위해서는 실용성과 호환성이 높은 메타데이터를 구축하는 것이 절대적인 기반이라고 할 수 있다. 특히 메타데이터의 요소를 효율적으로 결정하여서 공유하여야 한다. 메타데이터의 구축 다음 단계는 텍스트의 인코딩을 수행하는 것이다. 인코딩 기법으로 TEI를 제안하였다. TEI는 이 분야의 관심자들이 최선의 방법이라고 동의하지 않을 수도 있는 방법이다. 하지만 현존하는 방법들의 장단

점을 고려하고 또 미래의 발전 방향을 예측해 본다면, 선교사 편지의 인코딩 기법으로 TEI에 우선적으로 관심을 두어야 한다. 중요한 것은 국제적으로 인준된 표준화에 맞는 인코딩 방법을 사용하여 향후 다른 프로젝트들과의 호환성을 갖추어야 한다는 것이다.

메타데이터나 인코딩과는 다소 다른 영역이지만, 디지털 아카이브를 구축하는데 있어 시각화 작업을 빼놓을 수 없는 과정이다. 시각화를 내한 선교사 편지를 디지털 아카이브로 구축할 때 사용한다면 전문적 연구자뿐만 아니라 일반 이용자들에게도 유익함을 전달한 수 있을 것이다. 시각화는 편지에 나타나는 인물, 장소, 주제 등을 이해하는 데 도움이 됨과 동시에 전체 개괄 및 맥락의 파악도 가능하게 하기 때문이다. 관건은 각 단위 프로젝트가 독립적으로 시각화를 할 수 있도록 손쉬운 시각화 기법을 선정하여서 공유하는 것이다. 이렇게 독립적으로 완수된 작은 규모의 시각화 프로젝트들이 나중에 하나로 연동될 수 있는 큰 틀의 계획도 준비하여야 할 것이다.

결론

1884년에서 1942년 사이 한국에서 활동했던 선교사들의 수는 1,529명으로 추산된다. 이들이 선교지인 한국에서 업무상 혹은 개인적으로 작성한 편지는 그 수를 헤아릴 수 없다. 그동안 내한 선교사 편지가 한국 기독교 역사 및 기타 관련된 분야의 연구로 활발하게 사용되지 못한 이유는 이러한 편지들이 얼마나 보존되어 있는지 파악하기 어렵고 어디에 소재되어 있는지 추정할 수 없었기 때문이다. 혹 일부의 소재를 파악한다 하더라도 그 곳을 방문하는 것은 물리적으로 힘든 일이었다. 특히 편지를 소장하는 기록관이 검색도구를 온라인으로 제공하지 않는 경우, 편지가 존재하는 것을 알았다 하더라도, 국내 연구자들이 무작정 북미 지역에 있는 기록관을 방문할 수는 없었을 것이다. 또 편지들의 분량이 방대하고, 내용이 지극히 업무적이거나 반대로 너무 사적인 것들도 많아서, 자료로서의 가치를 인정받지 못한 측면도 있다.

본 연구는 연구 범위로 정한 기간(1884-1942년)에 내한 선교사가 작성한 편지로 현재 북미 기록관에 보관되어 있는 편지에 대한 총체적인 파악을 시도하였다. 이 편지들은 약 2만 통으로 추정되며, 136개의 컬렉션 안에 소장되어 있다. 물론 이 숫자는 더욱 늘어날 것이다. 최근 비약적으로 발전하고 있는 디지털 문화와 기술 덕분에 그동안 기록관

어딘가에 보관되어 있던 해당 자료들이 이제는 검색도구와 함께 일반들이 접근할 수 있도록 구비되어 가고 있기 때문이다. 실제로 필자가 2019년에 처음 내한 선교사 편지들의 컬렉션 리스트를 발표할 때에만 해도 125개로 파악되었던 총수가 지금은 136개로 확인되었다. '컬렉션'은 퐁, 메뉴스크립트 컬렉션, 메뉴스크립트 그룹, 민간 문서, 레코드 그룹 등과 같은 다양한 이름으로 불리는데, '동일 출처를 갖는 생산자의 업무활동을 반영한 질서를 갖춘 집합체'(한국기록학회, 2009, pp.256-257)를 의미한다.

본 연구의 목적은 선교사 편지의 총체적 규모와 소재를 파악하는 것에서 끝나지 않는다. 이 편지 자료들을 유형별로 분석하여 각 유형이 가지고 있는 특징을 파악함으로써 내한 선교사 편지의 자료적 가치를 보여주고자 했다. 이런 연구가 가능했던 이유는 내한 선교사 편지는 그 형성의 특징상 기록 기관에서 컬렉션으로 보존되어 있기 때문이다. 또한 2만 통의 편지를 유형별로 분석하는 것은 거의 불가능하지만, 136개의 컬렉션을 분류하는 것은 가능하며, 유형도 컬렉션의 생성 과정에서 자연스럽게 드러나는 특징을 따라 고안하였다. 유형 분석은 편지의 성격에 따라 연구자들이 우선순위를 두고 접근할 수 있는 일종의 가이드라인이 될 수 있다.

본 연구는 5장에서 모든 '컬렉션'을 5개의 유형으로 구분할 수 있음을 입증하였다. 우선 수취인의 차이에 따라 크게 "기관"과 "개인"으로 구분하고, 이어서 "기관" 수취인 형태를 둘로 나누어 "단체-A" 유형과 "단체-B" 유형으로 구별하였고, "개인" 수취인 형태는 셋으로 세분하여, "개인-A" 유형, "개인-B" 유형 그리고 "개인-C" 유형으로 명명하였다. "단체-A" 유형에 속한 컬렉션은 13개이며, 이는 각각 미국 장로교단, 미국 감리교단 그리고 캐나다 연합 교단에 속한 보존 기록관들의 소장물이다.

자료 측면에서 본 향후 내한 선교사 편지의 연구의 방향은 다음과 같이 이루어져야 한다. (1) 이 거대한 컬렉션의 자료들을 국내의 연구자들이 좀 더 편리하게 접근하도록 장치를 마련하는 것이다. (2) 유형 분석 결과 연구 가치가 높게 평가된 "단체-B" 유형과 "개인-B" 유형의 컬렉션에 대한 전략적인 연구이다. 이 자료들이 연구자들에게 쉽게 사용될 수 있는 디지털 아카이브의 구축을 빼놓을 수 없다. (3) "개인-C" 유형은 이미 매우 유익한 자료들로 구비되어 있는 하나의 대형 컬렉션이다. 이에 대한 향후 연구는 여기에 있는 자료들을 효과적으로 소개하며 이 자료에 쉽게 접근하는 프로젝트를 수행하는 것이다. (4) "단체-A" 유형과 "개인-A" 유형의 연구에는 선택과 집중이 필요할 것이다.

내한 선교사 편지가 연구자들에게 더욱 가치 있는 자료가 되려면, 이 방대한 자료의 실체 대한 파악이 있어야 할 뿐 아니라(부록 2 참고), 그 내용에 접근할 수 있도록 하여야 한다. 디지털 아카이브의 구축은 관련 분야 학자들에 의해서 꾸준히 그 필요성이 제기되어 왔는데, 본 연구의 2부는 이 과제에 대하여 논의하였다. 먼저 7장에서 21세기에 들어서면서 유럽과 미국에서 활발하게 진행했던 인문학 관련 편지들을 디지털 아카이브로 구축한 선진 사례를 연구하였다. 8장에서 이러한 프로젝트들이 핵심으로 여겼던 원리를 파악하여 내한 선교사 편지를 위한 디지털 아카이브 구축의 근간 원리로 제시하였다. 이 원리들은 (1) 기관 사이의 협력, (2) 효율적인 메타데이터의 구축 및 (3) 이를 표준화하는 것이다. 또한 방대한 편지를 다루는 프로젝트일수록 오랜 시간동안 중심 노선에 변경 없이 계속 진행될 수 있는 장치를 마련하여야 하며, 다양한 사람들의 참여를 통하여 더 큰 관심을 불러일으켜야 한다. 이를 위해서 일반인들도 쉽게 사용할 수 있도록 시각화하는 것도 필요하다. 9장에서는 7장과 8장을 통해서 추출한 근간 원리를 따라 디지털 아카이브를 실제로 구축할 때 도움이 될 요소들을 조명하여 보았다. 이는 (1) 메타데이터의 요소를 결정하는 과정, (2) 텍스트의 인코딩 과정 그리고 (3) 시각화를 할 수 있는 기술이다. 이 세 영역은 향후 선교사 편지의 디지털 아카이브 구축에서 세심하게 고려해야 한다. 이 프로젝트가 오랫동안 여러 참여자들의 협력을 통해서 지속적으로 진행한다는 것을 유념해야 할 것이다.

내한 선교사 편지에 대한 연구와 이 연구에 많은 사람들이 쉽게 참여할 수 있도록 자료에 대한 접근성은 높이고 연구자를 돕는 디지털 아카이브 구축과 같은 노력은 계속되어야 한다. 내한 선교사 편지는 선교학, 한국 교회사, 한국 근대사 그리고 편지를 다루는 인문학 등 다양한 학문 발전에 도움이 되기 때문이다.

부록 1

TEI 인코딩 실례

TEI는 XML(eXtensible Markup Language)마크업 언어를 사용한다. XML은 텍스트에 둘러싸인 태크(tags, 〈 〉괄호 사용)가 포함된 문서를 작성하기 위하여 사용하는 언어이고 태그는 텍스트의 특성과 속성을 설명한다. TEI는 기존 태그가 569개가 있으며, 이용자들은 이 중[1] 필요한 것을 선택하여 사용하는 모듈 시스템이다. 하지만 기존의 태그 세트가 특정 사안을 표기하기에 충분하지 않으면 새로운 태크를 만들 수 있게 되어 있다.[2] 모든 TEI 문서는 기본적으로 헤더(Header)와 텍스트(Text)로 구성되어 있다. '헤더'에는 문맥적 정보(메타데이터)가 포함되며, '텍스트'에는 본문 그 자체가 들어간다.

1) 헤더(teiHeader)

헤더는 편지에 관련된 중요한 정보, 즉 편지를 쓴 사람, 받은 사람,

1) TEI, "P5: Guidelines for Electronic Text Enclding and Interchange Elements."
2) "TEI: Customization"

보낸 장소, 받은 장소 등을 기술하는 메타데이터 부분이다. 〈teiHeader〉는 4개의 부분으로 구성되는데 이 중 가장 중요하고 필수적인 부분은 〈fileDesc〉이다.[3] 이 〈fileDesc〉에는 제목, 저자, 시리즈, 전자 혹은 일반 텍스트의 발행과 배포, 서지적, 원전 텍스트 등의 정보가 포함이 되는데 필수적인 요소는 〈titleStmt〉, 〈publicationStmt〉와 〈source Desc〉이다.

한편 2008년에 개설된 "TEI 서신 관련 특별 그룹"(TEI Special Interest Group on Correspondence)은 2013년부터는 전략(task force)팀을 구성하였고 TEI헤더 고정된 위치에 〈correspDesc〉라는 요소를 넣어 편지와 관련된 핵심적인 메타데이터를 수월하게 인코딩할 수 있게 되었다. 2015년 TEI 가이드라인 2.8.0 버전이 발표되면서 문자, 엽서, 전자 메일 등 포함한 편지 인코딩을 위한 새로운 요소들까지 〈correspDesc〉 TEI에 공식적으로 도입되었다.[4]

〈correspDesc〉는 〈teiHeader〉의 4개의 하위 요소 중 하나인〈profile Desc〉에 내장된 것으로 주요 편지 관련 메타데이터만을 저장한다. 여기에는 하나 이상의 〈correspAction〉 및 〈correspContext〉를 하위 요소를 포함시킬 수 있다. 〈correspAction〉은 편지를 보내고 받은 장소, 사람, 단체 이름 및 메시지의 수신과 관련된 날짜 및 관련된 기타 조치를 포함하는 것이고 〈correspContext〉는 인코딩되는 편지를 기준으로 그와 관련된 편지, 즉 바로 전에 보낸 편지 혹은 바로 뒤 편지의 참조를 제공하는 것이다.

군산 의료 선교사 다니엘이 1905년 10월 11일에 쓴 편지를 예로 본다면

---

3) 나머지 3개 부분인 〈encodingDesc〉, 〈profileDesc〉와 〈revisionDesc〉는 수의적이다.

4) TEI Header: Correspondence Description 〈http://www.tei-c.org/release/doc/tei-p5-doc/en/html/HD.html#HD44CD〉(검색일: 2018.11.15)

〈teiHeader〉 부분 중에 하나인 〈profileDesc〉의 하위 요소인 〈corresp Desc〉 아래에 2개의〈corresAction〉이 발신인과 장소, 그리고 수신인과 장소 정보를 마크업하였다. 또한 〈correspContext〉부분에는 다니엘이 1905년 10월 11일 전에 알렉산더에게 쓴 편지인 1905년 1월 30일 편지와 1905년10월 11일 바로 다음 쓴 편지인 1906년 1월 30일 편지의 정보가 있고, 각 편지의 URL 정보까지 넣어준다면 온라인상에서는 그 전과 그 후 편지를 곧바로 클릭하여 연동할 수 있게 된다. 〈correspContext〉는 한 통의 편지가 편지 컬렉션 전체의 맥락에서 어느 위치에 있는지 한 눈에 보여주는 기능을 한다. 이 편지의 〈correspDesc〉은 아래에서 볼 수 있다.

```
                                      편지 저자/발신인
<profileDesc>
  <correspDesc>
        ┌ <correspAction type="sent">
발신 정보 │   <persName>Daniel, Thomas</personName>
        │   <placeName>Kunsan, Korea</placeName> ◀── 발신지
        │   <date when="1905-10-11">October 11, 1905</date> ◀── 발신 날짜
        └ </correspAction>
        ┌ <correspAction type="received">
수신 정보 │   <persName>Alexander, A.J.A.</persName>
        │   <placeName>Spring Station, KY</placeName>
        └ </correspAction>

    <correspContext>
          ┌ <ref type="prev"Previous letter of
이전 편지 정보 │ <persName>Daniel, Thomas</persName>to
          │ <persName>Alexander, A.J.A.</persName>
          │ <date when="1905-01-30">January 30, 1905</date>
          └ </ref>
          ┌ <ref type="next"Next letter of
다음 편지 정보 │ <persName>Daniel, Thomas</persName>to
          │ <persName>Alexander, A.J.A.</persName>:
          │ <date when="1906-01-30">January 30, 1906</date>
          └ </ref>
    </correspContext>
  </correspDesc>
</profileDesc>
```

2) Text

편지의 본문이 들어갈 〈text〉부분에 필수적인 요소는 〈body〉뿐이다. 나머지 〈front〉과 〈back〉은 수위적인 요소이다. 〈text〉에서는 단락, 제목, 강조 표시 등과 같은 문서의 구조적 특징을 인코딩할 수 있을 뿐 아니라, 인명, 지명 등도 인코딩 할 수 있다. 같은 다니엘의 편지에 적용해 보면 다음과 같다.

```
〈text〉
    〈body〉
        〈opener〉
            〈salute〉My dear Dr. Alexander,〈/salute〉
        〈/opener〉
            〈p〉We are just back from another Annual Meeting and
            one which, judging from the reports, was the best we
            have ever had. The work has taken wonderful strides
            in the past year and we are now just entering upon
            what promises to be even better still. No doubt
            〈persName〉 Forsythe〈/persName〉 has written you of
            the wonderful work that has opened up at 〈placeName〉
            Chunju〈/placeName〉 and how the whole city almost
            seemed to be turning towards Christianity and even
            the upper classes are apparently … [생략] 〈/p〉
    〈/body〉
〈text〉
```

이러한 헤더와 텍스트 인코딩 작업은 수작업으로 하지 않고 TEI를 지원하는 소프트웨어를 사용하면 초보자라도 어렵지 않게 작업을 할

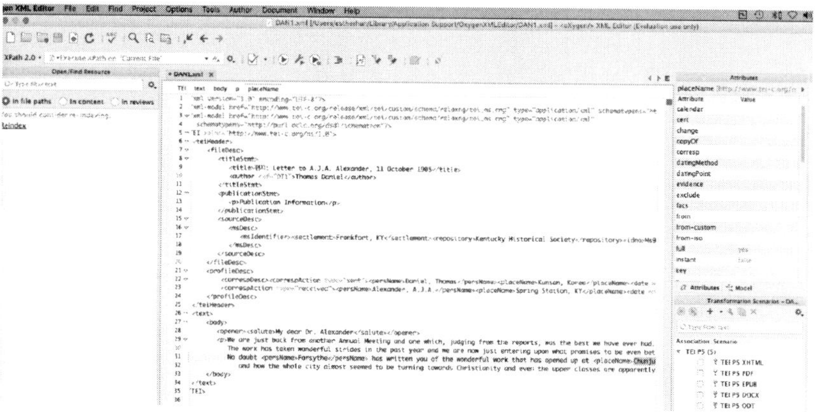

〈그림 18〉 Oxygen XML Editor 실험

수 있다. 'TEI 위키 툴 페이지(TEI Wiki Tool Pages)'[5]에서는 TEI를 지원하는 소프트웨어에 관한 정보를 제공해주고 있다. 본 연구에서는 'TEI, Category Tool' 리스트에 있는 소프트웨어 중 XML 편집기(editor)인 Oxygen[6]을 선택하여 TEI 인코딩 작업을 수행하여 보았다. 〈그림 18〉은 Oxygen XML Editor에서 'TEI P5' 템플릿 파일을 사용하여 다니엘의 1905년 10월 11일 편지를 TEI 표준에 맞춰 인코딩한 모습이다.

또한 Oxygen에서 웹에 출판할 때 보여 질 수 있는 모습을 제공하는데 〈그림 19〉은 포매팅과 디자인 마크업이 포함되지 않은 간단한 다니엘의 편지가 담긴 TEI/XML 파일을 HTML 파일로 변환시켜 웹상에서 보여 질 수 있는 모습을 실험할 수 있게 되어 있다.

---

5) TEI: Category Tools. 〈https://wiki.tei-c.org/index.php/Category:Tools〉(검색일: 2018.11.15)

6) oXygen, XML Editor. 〈https://www.oxygenxml.com/xml_editor/tei_editor.html〉(검색일: 2018.11.15)

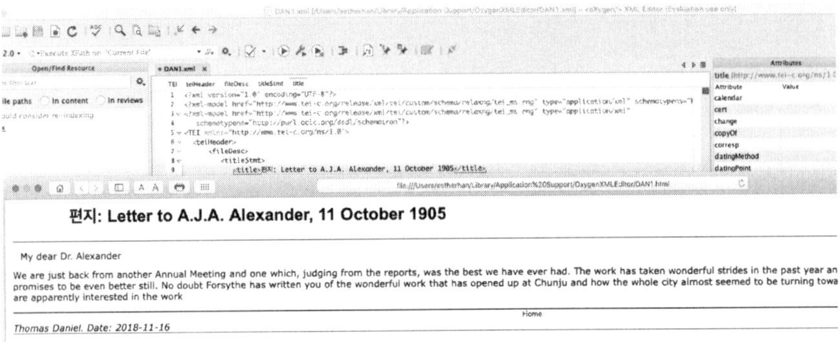

〈그림 19〉 Oxygen을 이용한 다니엘 편지의 인터넷 출판 실험

실제로 온라인 발행을 한다면 XSLT, TEI Publisher, TAPAS 등 52개 여러 종류의 TEI를 위한 전자 출판용 소프트웨어를 이용할 수 있다.[7]

3) TEI 전거 파일

TEI는 인명, 지명 등의 색인 파일을 따로 만들어 유지할 수 있다. 이는 일종의 전거 파일(authority file)로 사용되는데, TEI에서는 "personography" (혹은 "prosopography)와 "Placeography"라고 불리는 "전거 파일"을 만들어 놓으면 인명, 지명 정보를 웹 사이트에 출판할 때 각주와 같이 링크로 연결하여 할 수 있게 되고, 내부적으로 많은 인명과 지명을 추적할 수 있게 된다. 또한 인물, 단체, 장소이든 한 개체마다 고유의 id를 코드로 주어서 다른 비슷한 이름으로 검색을 해도 '접근점(access points)'을 연결해 주어 결국 한 사람, 장소로 나타나게 할 수 있다.

---

7) Category: Publishing and Delivery Tools. 〈https://wiki.tei-c.org/index.php/Category:Publishing_and_delivery_tools〉(검색일: 2018.11.20)

내한 선교사 인물 파일을 이 기법으로 만든다면, 내한 선교사들과 관련하여 다음과 같은 속성을 포함시킬 수 있을 것이다.

- 성(last name) [여성 경우 결혼 전 성도(maiden name)]
- 이름(first name)
- 다른 이름(alternative name/s)
- 태어난 해(date of birth)
- 사망한 해(date of death)
- 성별(gender)
- 직업(교육, 의료, 복음 선교사 등)(occupation)
- 한국에 도착한 해(arrival year to Korea)
- 한국에서 주로 일했던 장소(place of work)
- 교단(denomination)
- 고향(hometown)

알렉산더 가족 문서의 선교사 편지를 예로 들어 알렉산더에게 편지를 보낸 남장로교 선교사들의 정보를 스프레드시트에 넣는다면 〈그림 20〉과 같이 된다. 이 파일에서 보듯, 한 인물에게 고유의 번호를 붙인다. 다니엘의 경우 그의 이름 2 알파벳을 따서 "DT1"이 되어서, 그가 미국 남장로교 본부 해외선교부 총무에게 보낸 공식 교단 문서에 보전된 그의 편지를 인코딩할 때에도 같은 고유 번호를 붙이면, 두 자료가 다른 컬렉션에 있다 하더라도 연동이 된다. 또 같은 원리로 "work place" 즉 선교사들이 활동했던 장소를 표기할 때에도 코드가 "KM_0004"라고 붙어 있는데 이는 군산이란 뜻이고 다음에 설명할 지명파일에서 붙여진 지명 코드이다. 지명 파일은 주소, 도시, 도, 주(state), 나라, GIS-좌표계(coordinates) 등의 요소를 넣을 수 있다. 〈그림 21〉은 다니엘의 1905년

Unique ID	Last Name	First Name	Alt. sp	Maiden Nan	한국이름	Birth	Death	Korea Arriva	Birth Place	Gender	Occupation	work place	Denominatio	부부(Relati	기 Relatio
AA1	Alexander	A.J.A.	Alexander Jo	N/A	알렉산더	1875	1929	1902	Kentucky	1	Medicine	KM_0004	SP		
BE1	Bell	Eugene		N/A	벨	1865	1925	1895	Kentucky	1	Evangelism	KM_0008	SP		
BL1	Bull	Libbie	Libby	Alby	리비불	1869	1941	1900	Virginia	2	Education	KM_0004	SP	BW1	
BW1	Bull	William		N/A	불	1876	1941	1899	Virginia	1	Evangelism	KM_0004	SP	BL1	
CW1	Clark	William		N/A	클라크	1881	1952	1907	Alabama	1	Evangelism	KM_0006	SP		
CR1	Coit	Robert		N/A	코이트	1878	1932	1909	North Carolin	1	Evangelism	KM_0005	SP		
DT1	Daniel	Thomas		N/A	다니엘	1879	1964	1904	Virginia	1	Medicine	KM_0004	SP		
DA1	Drew	A. Damer	Alessander	N/A	드류	1859	1904	1894	England	1	Medicine	KM_0004	SP		
FJ1	Forsythe	Jean		N/A	진포사이드	1878	1965	1910	Kentucky	2	Edcation	KM_0006	SP		FW1
FW1	Forsythe	Wylie	Wiley	N/A	포사이드	1883	1918	1904	Kentucky	1	Medicine	KM_0006	SP		FJ1
HW1	Harris	William		N/A	해리슨	1866	1928	1896	Kentucky	1	Evangelism	KM_0004	SP		
JW1	Junkin	William		N/A	전킨	1865	1908	1892	Virginia	1	Evangelism	KM_0004	SP		
ML1	McCutchen	Luther		N/A	맥커천	1875	1960	1903	South Carolir	1	Evangelism	KM_0006	SP		
NJ1	Nolan	Joseph		N/A	놀란	1880	1954	1907	Kentucky	1	Medicine	KM_0008	SP		
OC1	Owen	Charles		N/A	오웬	1867	1909	1898	Virginia	1	Evangelism	KM_0007	SP		
PC1	Pratt	Charles		N/A	프래트	1881	1950	1910	Virginia	1	Evangelism	KM_0005	SP		
PJ1	Preston	John		N/A	프래스톤	1875	1975	1903	Florida	1	Evangelism	KM_0008	SP		
[illegible]	[illegible]	[illegible]		N/A	[illegible]	[illegible]	[illegible]	[illegible]	[illegible]	1	[illegible]	[illegible]	[illegible]		

〈그림 20〉 알렉산더 문서 중심 인물 파일

10월 11일 편지에 지명 파일을 엑셀 파일로 정리한 것이다. 그 당시에는 길 주소가 없었기 때문에 Street항목은 비었으나 나중을 위해 준비해 두었다. 지리 좌표계(Geographic coordinates)는 지도를 통한 시각화를 실현할 때에 유용한 정보인데, 국제적 지리 데이터베이스인 Geonames[8]을 통해 정보를 얻었다.

이렇게 인명과 지명 파일에 넣을 요소가 정리되면 인코딩하여 독립적인 전거 파일로 만든다. 아래는 다니엘 선교사 정보가 있는 부분에 적용해 본 것이다.

Unique ID	Street	City/town	도시 한글	State	도	Countr	Coordinates
KM_0001		Louisville	루이빌	Kentucky	켄터키	USA	38.252664, -85.7584557
KM_0002		Spring Station	스프링 스테이션	Kentucky	켄터키	USA	38.148883, -84.7009289
KM_0003		Seoul	서울			Korea	37.566535, 126.9779691
KM_0004		Kunsan	군산		전북	Korea	35.9676772, 126.7366293
KM_0005		Soonchun	순천		전남	Korea	34.950637, 127.48721350000005
KM_0006		Chunju	전주		전북	Korea	35.8242238, 127.14795320000007
KM_0007		Kwangju	광주		전남	Korea	35.1595454, 126.85260119999998
KM_0008		Mokpo	목포		전남	Korea	34.8118351, 126.39216639999995
KM_0009		Pyongyang	평양		평남	Korea	39.0392193, 125.76252410000006

〈그림 21〉 Daniel의 1905년 10월 11일 편지에 나오는 지명

8) Geonames 〈www.geonames.org〉(검색일: 2018.11.15)

```
〈text〉
    〈body〉
        〈listPerson〉
            〈head〉Index of names〈/head〉
            〈person xml:id="DT1"〉                          〈------고유 아이디
            〈persName〉
                〈surname〉Daniel〈/surname〉                  〈------성(이름)
                〈forename〉Thomas〈/forename〉                〈------이름
                〈altname〉다니엘〈/altname〉                  〈-----다른 이름
            〈/persName〉
            〈birth when="1879"〈/cell〉                      〈------태어난 해
              〈settlement〉Virginia〈/settlement〉            〈------고향
            〈/birth〉
            〈death when="1964"〈/death〉                     〈------사망한 해
            〈arriva lwhen="1904"〈settlement="KM0004"〉      〈------한국 장소
            Kunsan〈/settlement〉
            〈/arrival〉
            〈occupation〉Medicine〈/occpation〉              〈------직업
            〈denomination〉SP〈/denomination〉               〈------교단
            〈sex=〉1〈/sex〉                                 〈------성별
            〈/person〉
              ...
        〈/listPerson〉
    〈/body〉
〈/text〉
```

부록 2

내한 선교사 편지가 포함된 컬렉션 리스트(북미 지역 기록관 중심/2020년 기준)

	컬렉션명	Call #	소장 기관	위치	편지 작성자 (활동지역/교단)	날짜	수	수신인 유형
1	Accession Records, Division of Anthropology	1901–1932	American Museum of Natural History, Division of Anthropology Archives	New York NY	Vinton(서울/NP) Hulbert(서울/M)	1901–	11	단체B
2	Adam Family Papers	RG251	Presbyterian Historical Society	Philadelphia PA	Adams (재령, 대구/NP)	1937–1941	4	개인A
3	Administration Files Series of Board of Mission of Methodist Church	RG4984	United Methodist Archives and History Center	Madison NJ	감리교 선교사	1912–1942	[800]	단체A
4	Alexander Family Papers: A.J.A. Series	MS 93, Series 4	Kentucky Historical Society, Martin F. Schmidt Research Library	Frankfort KY	남장로교, YMCA선교사	1902–1928	[500]	개인B
5	Alfred Leyburn Papers	0098	Washington and Lee University, Leyburn Library, Special Collections	Lexington VA	Junkin, M. (전주/SP)	1899	2	개인A
6	Alice Butts Letters	MISC 1896	Stanford University Libraries, Special Collections	Stanford CA	Butts(평양/NP)	1911–1921	18	개인A
7	Alice R. Appenzeller Correspondence	Coll 389	University of Oregon Libraries, Special Collections Univ. Archives	Eugene OR	Appenzeller, A (서울/M)	1909–	[10]	개인A

	컬렉션명	Call #	소장 기관/위치	위치	편지 작성자 (활동지역/교단)	날짜	수	수신인 유형
8	American Women's Hospitals Records	WM. SC. 010	Drexel University, College of Medicine Legacy Center	Philadelphia PA	Hall (평양, 해주/M)	1928	9	단체B
9	Anita McCormick Blaine Correspondence & Papers	MSS1E	Wisconsin Historical Society Archives	Madison WI	Baird, A.(평양/NP); Blair, H. (대구/NP); Bruen, H. (대구/NP); Central Normal College(서울)	1935	8	개인B
10	Annie Laurie Baird Papers, 1890-1928	RG172	Presbyterian Historical Society	Philadelphia PA	Baird, A(평양/NP)	1890-1916	87	개인A
11	Archer Hulbert Papers	Ms 0130	Colorado College, Tutt Library, Special Collections and Archives	Colorado Springs CO	Hulbert(서울/M)	1900-	178	개인A
12	Arthur James Brown Papers	RG2	Yale University, Divinity School Library	New Haven CT	Allen(서울/NP)	1901	2	개인B
13	Arthur Linn Becker Papers	ms. gcah 2208	United Methodist Archives and History Center	Madison NJ	Becker(평양, 서울/M)	1909-	[100]	개인A
14	Ayock Family Papers	Plb Ayock	University of South Carolina, South Caroliniana Library	Columbia SC	Covington(선천/NP)	1917-	[20]	개인A
15	Baird Family Papers	RG316	Presbyterian Historical Society	Philadelphia PA	Baird, A., W. (평양/NP)	1940-	2	개인A
16	Barnhart Papers	KDA 2 Barnhat	University Southern California, East Asian Rare Books	Los Angeles CA	Barnhart(전국/Y)	1913-	18	개인A
17	Belle Sparr Luckett Collection	none	Princeton Theological Seminary Libraries, Special Collections	Princeton NJ	Luckett(평양/NP)	1913-1916	22	개인A
18	Blanche Stevens Letters	3.2	Harvard University, Harvard-Yenching Library	Cambridge MA	Stevens(선천/NP)	1926-	23	개인A

	컬렉션명	Call #	소장 기관/위치	위치	편지 작성자 (활동지역/교단)	날짜	수	수신인 유형
19	Bolt Family Papers	Mss159	University of the Pacific, Holt-Atherton Dept. of Special Coll.	Stockton CA	Ludlow; Mills (서울/NP)	1912-	2	개인B
20	Buie Family Papers	Z/ 1115.000	Mississippi Department of Archives and History	Jackson MS	Buie(서울/MS)	1909-	28	개인A
21	Burbidge Family Fonds	3041	United Church of Canada Archives	Toronto ON 캐나다	Burbidge (원산, 회령/C)	1925-	[20]	개인A
22	Burnett Family Papers	00106-z	University of North Carolina, Louis Round Wilson Special Coll.	Chapel Hill NC	Cowman(OMS); Kilbourne(OMS)	1920	4	개인B
23	Cartwright and Wood Families Fonds	F2182	University of Toronto, Trinity College	Toronto ON 캐나다	Cartwright(서울/A); Sharpe(서울/A)	1903-1909	[20]	개인A
24	Century Co. Papers	MssCol 504	New York Public Library, Manuscripts and Archives Division	New York NY	Allen(서울/NP)	1901	1	개인B
25	Charles August Sauer Papers	ms.3605	United Methodist Archives and History Center	Madison NJ	Sauer(공주/M)	1902-1942	3	개인A
26	Charles Freer Papers	FSA. A.01	Smithsonian Institution, Freer & Sackler Gallery Archives	Washington DC	Allen(서울/NP)	1907	[5]	개인B
27	China Medical Board, Inc. records	FA065	Rockefeller Archive Center	Sleepy Hallow NY	Presbyterian Hospital (평양/NP)	1917	1	단체B
28	Davidson Fund, Inc.	FA080	Rockefeller Archive Center	Sleepy Hallow NY	Union Hospital (평양/Union)	1923	1	단체B
29	Department of the States Central File: Despatches from Diplomatic Officers	RG59	National Archives and Records Administration	College Park MA	Allen(서울/NP)	1883-	[100]	단체B

	컬렉션명	Call #	소장 기관/위치	위치	편지 작성자 (활동지역/교단)	날짜	수	수신인 유형
30	Donald A. MacDonald Fonds	F3288	United Church of Canada Archives	Toronto ON 캐나다	MacDonald(회령/C)	1929-1918	86	개인A
31	Dora Abbott Papers	7792	Onondaga Historical Association, Richard & Carolyn Wright Center	Syracuse NY	Haynes(평양/M)	1913	1	개인B
32	Dudley-Rexrode Collection	SC 5039	James Madison University, Carrier Library, Special Collections	Harrisonburg VA	Brand, A (군산, 전주/SP)	1935	[4]	개인A
33	Edna Lawrence Papers	A205	University of Oregon Libraries, Special Coll. and University Archives	Eugene OR	Lawrence(대구/NP); Shields(서울/NP)	1905-	[10]	개인A
34	Edwin H. Anderson records	Mss Arc 4945	New York Public Library, Archives	New York NY	Allen(서울/NP)	1915	1	개인B
35	Ellasue Wagner Letter	MSS. 3320	University of Alabama, W.S. Hoole Spec. Collections Library	Tuscaloosa AL	Wagner(개성/MS)	1931	1*	개인A
36	Ellsworth Huntington papers	MS1	Yale University, Sterling Memorial Library, Manuscripts and Archives	New Haven CT	VanBuskirk(서울/M) Gregg(서울/Y) Snyder(서울/MS)	1920-	3	개인B
37	Esther & Jeannette Hulbert Papers	MS 4207	United Methodist Archives and History Center	Madison NJ	Appenzeller, A (서울/M)	1939	1	개인A
38	Eugene and Lotti Bell Papers	RG435	Presbyterian Historical Society	Philadelphia PA	Bell(광주, 목포/SP)	1878-1901	19	개인A
39	Everett Frazer papers	MccCol 1073	New York Public Library, Manuscripts and Archives Division	New York NY	Allen(서울/NP)	1886	2	개인B

	컬렉션명	Call #	소장 기관/위치	위치	편지 작성자 (활동지역/교단)	날짜	수	수신인 유형
40	F.C. Stephenson Family Fonds	3189	United Church of Canada Archives	Toronto ON 캐나다	캐나다 선교사	1930-1938	[10]*	개인A
41	Fish Family Papers	SPP 133/131	Presbyterian Historical Society	Philadelphia PA	Moffett(평양/NP)	1935	[5]	개인A
42	Flora Jane Coutts Papers	Doc 457-459	Vermont Historical Society	Montpelier VT	Coutts(평양/NP)	1922-1923	12	개인A
43	Florence Jesse Murray fonds	MS-2-535	Delhousie University University Archives	Halifax NS 캐나다	Murray(함흥/C); Grierson(성진/C); Scott(용정/C);	1920-	[200]	개인A
44	Francis Kinsler correspondence and photograph	99 1021c/131A	Presbyterian Historical Society	Philadelphia PA	Kinsler (평양, 대구/NP)	1938	2	개인A
45	Franklin and Bertha Ohlinger Papers	RG23	Yale University, Divinity School Library	New Haven CT	Ohlinger; Gale; Vinton; Miller; Mackay; McGill 등	1870-	[200]	개인A
46	General Files on Frank Schofield	RE1 OVC A0173	University of Guelph, Guelph McLaughlin Archives	Guelph ON 캐나다	Schofield(서울/C)	1936	1	개인A
47	George Alexander Papers	Mss Coll.	New York Historical Society, Patricia D. Klingstein Library	New York NY	Lambuth(서울/MS); Irvin(부산/NP)	1892-	6	개인B
48	George Clayton Foulk Papers	MssCol 1052	New York Public Library, Manuscripts and Archives Division	New York NY	Allen(서울/NP)	[1885]	[1]	개인B

	컬렉션명	Call #	소장 기관/위치	위치	편지 작성자 (활동지역/교단)	날짜	수	수신인 유형
49	George Herber Jones Papers	MRLA Sect. 8	Union Theological Seminary(NY) Burke Library Archives	New York NY	Jones(서울/M); Noble(평양, 서울/M); Cable(인천/M)	1913	9	개인B
50	Golden and Dick Baird correspondence	18 0639/ 135A	Presbyterian Historical Society	Philadelphia PA	Baird, Golden(강계)	1922–1935	30	개인A
51	Gustavus Ohlinger Papers	MSS-013	University of Toledo, Canaday Center for Special Collections	Toledo OH	Allen(서울/NP); Ohlinger(서울/M)	1891–1930	5	개인A
52	Hallie Covington Papers	Manu. Annex	University of South Carolina, South Caroliniana Library	Columbia SC	Covington(안동/NP)	1917	[100]	개인A
53	Harry Rhodes Manuscript Collections	[260]	Princeton Theological Seminary Library, Special Collections	Princeton NJ	Rhodes(평양/NP)	1898–1903	2	개인A
54	Hartshorne Family Papers	Ms.Coll. 1030	Haverford College Libraries, Special Collections	Haverford PA	Wells(평양/NP)	1896	1	개인B
55	Harvey Harmer Collection	A&M No.1686	West Virginia University Libraries, West Virginia Historical Center	Morgantown WV	Boyles(공주, 평양/NP); Hulbert, E.(서울/M)	1939–1940	4	개인B
56	Hei-sop Chin Archival Collection	367	University of California Los Angeles, Library Special Collections	Los Angeles CA	Hulbert(서울/M)	1919	3	개인B
57	Helen Fraser MacRae Fonds	MG 1, v. 2248–2351	Nova Scotia Archives	Halifax, NS 캐나다	Fenwick; Foote; Grierson; MacDonald; MacMillan; MacRae; Mair; Murray; Scott 등 (함경, 만주/C)	1887–1940	[700]	개인C

	컬렉션명	Call #	소장 기관/위치	위치	편지 작성자 (활동지역/교단)	날짜	수	수신인 유형
58	Henry Appenzeller Papers	MRLA Sect. 8	Union Theological Seminary(NY) Burke Library Archives,	New York NY	Appenzeller, H (서울/M)	1884–	[4]	개인A
59	Herbert Welch papers	drew. ms. gcah 5099	United Methodist Church. General Commission on Archives and History	Madison NJ	Welch(서울/M)	1890–	[100]	개인B
60	Homer Hulbert Papers	0001195	Dartmouth College Library, Rauner Special Collections	Hanover NH	Hulbert(서울/M)	1929	10	개인B
61	Horace Allen Papers	MssCol 49	New York Public Library, Manuscripts and Archives Division	New York NY	Allen(서울/NP)	1916–1928	[100]	개인B
62	H.T. Owens Fonds	F3612	United Church of Canada Archives	Toronto ON 캐나다	Rhodes; Owens(서울/NP)	1918–1931	[10]	개인A
63	Hunt Family Papers	SC.2017.06	Westminster Theological Seminary, Archives of the Montgomery Library	Philadelphia PA	Hunt(재령/NP)	1920–	[150]	개인A
64	Grace Terrell Papers	Ax264	University of Oregon Libraries, Special Coll. and University Archives	Eugene OR	Wilson, E.(서울/M)	1927	11	개인A
65	James Harrison Wilson Papers	MSS 45997	Library of Congress, Manuscript Division	Washington D.C.	Allen(서울/NP)	1900–	13	개인B
66	James Oliver Jelk Taylor Papers	MC 032	Emory University, Pitts Theological Library	Atlanta GA	Taylor(원산/MS)	1918–1922	21	개인A
67	James Scarth Gale Papers	MS Col 00245	University of Toronto, Thomas Fisher Rare Book Library	Toronto ON 캐나다	Gale(서울/NP)	1898–1936	10	개인B
68	John Fairman Preston Papers	RG441	Presbyterian Historical Society	Philadelphia PA	Preston; Reynolds; Rowland; Swinehart; Martin(호남/SP)	1903–1949	[200]	개인A

	컬렉션명	Call #	소장 기관/위치	위치	편지 작성자 (활동지역/교단)	날짜	수	수신인 유형
69	John Franklin Goucher Papers	MRLA: Sect.12	Union Theological Seminary(NY) Burke Library Archives,	New York NY	Appenzeller, A. (서울/M) 등	1895-	[4]	개인B
70	John R. Mott papers	MRLA: Sect. 12	Union Theological Seminary(NY) Burke Library Archives,	New York NY	Hulbert(서울/M): Brockman(서울/YMCA)	1919	[4]	개인B
71	John Samuel Nisbet Papers	RG443	Prebyterian Presbyterian Society	Philadelphia PA	Nisbet (전주, 목포/SP)	1907-1946	[50]	개인A
72	Korean Conspiracy Case Records	MRLA Sect. 8	Union Theological Seminary, New York Burke Library Archives	New York NY	Gillett(서울/YMCA); Underwood(서울/NP); Moffet(평양/NP))	1911-	[5]	개인B
73	Korean General Papers	MRLA Sect. 8	Union Theological Seminary(NY) Burke Library Archives,	New York NY	Bull(군산/SP); Boggs(전주/SP); Wilson(순천/SP) 등	1939-1940	[10]	개인A
74	Leroy Tate Newland Papers	2007. 1068	Columbia Theological Seminary, C. Kline, Jr. Special Collections & Archives	Decatur GA	Newland(광주/SP)	1911-	35	개인A
75	MacRae Family Fonds, 1900-1927	F3265	United Church of Canada Archives	Toronto ON 캐나다	MacRae(함흥/C)	1900-1910	30	개인A
76	Mary Downing Barnes Papers	MSS C-R 5	University of California Berkeley Bancroft Library	Berkeley CA	Hall, W(평양/M)	1884	1	개인A
77	Mary W. Harris Papers	VFM 3073	Ohio History Center, Archives & Library	Columbus OH	Harris, M.(서울/M)	1894	2	개인A
78	McCune-Becker Collection	n/a	University of Hawaii, Center for Korean Studies, Archives and Manuscript Collections	Honolulu HI	McCune(선천, 평양/NP); Becker (평양, 서울/M) 등	1905-	[800]	개인C

	컬렉션명	Call #	소장 기관/위치	위치	편지 작성자 (활동지역/교단)	날짜	수	수신인 유형
79	Miscellaneous Personal Papers Collection	RG30	Yale University, Divinity School Library	New Haven CT	Found(서울/M); Junkin, M (전주/SP); Parker(평양/SP)	1908–	[80]	개인A
80	Mission Biographical Reference Files	gcah 4642	United Methodist Archives and History Center	Madison NJ	Campbell(서울/MS); Shields(서울/NP); Cram(송도/MS)	1880–1940	[10]	단체A
81	Missionary Correspondence Department Letters	RG510	Presbyterian Historical Society	Philadelphia PA	남장로교 선교사	1926–	[1000]	단체A
82	Missionary Correspondence of Board of Missions of Methodist Episcopal Church, 1840–1912	rg 3749	United Methodist Archives and History Center	Madison NJ	북감리교 선교사	1885–1919	[500]	단체A
83	Missionary Files series of Board of Missions of Methodist Church, 1912–49	rg.3753	United Methodist Archives and History Center	Madison NJ	북감리교 선교사	1912–1949	[1500]	단체A
84	Missionary Files Series of the Board of Missions of the Methodist Episcopal Church, South, 1897–1940	rg. 3752	United Methodist Archives and History Center	Madison NJ	남감리교 선교사	1897–1940	[1000]	단체A
85	Moffett Korea Collection	none	Princeton Theological Seminary Libraries, Special Collections	Princeton NJ	Moffett(평양/NP); Heron(서울/NP) 등	1890–1940	[500]	개인C
86	National Council of YMCA of Canada: YMCA Korea, Miscellaneous	MG28 –I95	Library and Archives of Canada	Ottawa Quebec 캐나다	Avison G.; Barnhart; Bunce; Wilbur(YMCA)	1930–1934	30	단체B

	컬렉션명	Call #	소장 기관/위치	위치	편지 작성자 (활동지역/교단)	날짜	수	수신인 유형
87	Netti Fowler McCormick Correspondence	McCorm Mss 1B	Wisconsin Historical Society Archives	Madison WI	Moffett(평양/NP); Underwood, L (서울/NP)	1923	2	개인B
88	Noble Family Papers	MC #4	Ohio Wesleyan University, Archives of Ohio United Methodism	Delaware OH	McMillian(함흥/C)	1919	1	개인C
89	Papers, Clark, Charles Allen	SPP 11 131A	Presbyterian Historical Society	Philadelphia PA	Clark(서울, 평양/NP)	1917-1925	[2]	개인A
90	Papers, Dupuy, Lavalette	127J	Presbyterian Historical Society	Philadelphia PA	Dupuy(순천, 군산/SP)	1921-1940	[2]	개인A
91	Papers, Forsythe, Wylie Hamilton	127J	Presbyterian Historical Society	Philadelphia PA	Forsythe, Jean (목포/SP) Forsythe, Wylie (군산, 전주/SP)	1891-	[1]	개인A
92	Papers, Graham Ibernia	129E	Presbyterian Historical Society	Philadelphia PA	Graham(광주/SP)	1907-1930	[30]	개인A
93	Papers, Greene	127A-B	Presbyterian Historical Society	Philadelphia PA	Greene(군산, 전주/SP)	1907-	[10]	개인A
94	Papers, Knox, Maie Borden	998.035 /127F	Presbyterian Historical Society	Philadelphia PA	Knox(목포, 광주/SP)	192_-1942	[10]	개인A
95	Papers, Pieters Family	133F	Presbyterian Historical Society	Philadelphia PA	Pieters (서울, 재령, 선천/NP)	1923-1941	[20]	개인A
96	Papers, Rankin, Cornelia Beckwith	987.57 (127I)	Presbyterian Historical Soceity	Philadelphia PA	Rankin(전주/SP)	1907-1911	[20]	개인A

	컬렉션명	Call #	소장 기관/위치	위치	편지 작성자 (활동지역/교단)	날짜	수	수신인 유형
97	Papers, Sidebotham, Richard	SPP 16 131A	Presbyterian Historical Society	Philadelphia PA	Sidebotham (대구, 부산/NP)	1899–1908	[2]	개인A
98	Papers, Tate, Martha(Mattie) Ingold	125D	Presbyterian Historical Soceity	Philadelphia PA	Tate(전주/SP)	1897–1900	[5]	개인A
99	Papers of Marion Conrow	ms. 1048	United Methodist Archives and History Center	Madison NJ	Conrow(서울/M)	1922	[200]	개인A
100	Papers of Mary Matteson Wilbur	MC561	Harvard University, Radcliff Schlesinger Library	Cambridge, MA	Wilbur(서울/YMCA)	1931–	[500]	개인A
101	Papers of William Eugene Blackstone	540	Wheaton College, Billy Graham Center Archives	Wheaton IL	Baird(평양/NP); Best(평양/NP); Deming(서울/M)	1917–	[80]	단체B
102	Presbyterian Church in Canada, Board of Foreign Missions Fonds, 1854–1938	F122	United Church of Canada Archives	Toronto ON Canada	캐나다 장로교 선교사	1895–1925	[1000]	단체A
103	Presbyterian Church in the U.S. Board of World Missions Edu. Department	RT870/871	Presbyterian Historical Society	Philadelphia PA	Cummings, D. J (목포, 광주)	1930–	[20]	단체A
104	Presbyterian Church in the U.S. Board of World Missions Office of the Executive Secretary records	RG505	Presbyterian Historical Society	Philadelphia PA	남장로교 선교사	1912–1945	[500]	단체A
105	Presbyterian Church in the USA Board of Foreign: Missions Correspondence & Reports	MF10 F761a	Presbyterian Historical Society	Philadelphia PA	북장로교 선교사	1884–	[1000]	단체A

	컬렉션명	Call #	소장 기관/위치	위치	편지 작성자 (활동지역/교단)	날짜	수	수신인 유형
106	President's Office Records, Honorary degrees files	1972_U0 50-UA	University of Louisville, Archives & Special Collections	Louisville KY	Avison(서울/NP)	1937	1	단체B
107	Records of Foreign Posts of Department of States	RG84	National Archives & Records Administration	College Park MD	Allen(서울/NP)등	188_-	[100]	단체B
108	Records of YMCA Internat'l work in Korea	Y.USA.9 -2.21	University of Minnesota, Archives and Special Collections	Minneapolis MN	YMCA 선교사들	1900-	[300]	단체B
109	Rev. John C. Wooten Family Papers	1036	East Carolina University Libraries, Manuscript Collection	Greenville NC	Wooten, John (원산/M)	1918	3	개인A
110	Rev. V.W. Peters Collection	none	University of Southern California Libraries, Korean Digital Archive	Los Angeles CA	Peters(서울, 개성/MS)	1928-	382	개인A
111	Reverend Franklin Ohlinger Papers	GA36	Rutherford B. Hayes Presidential Center, Library	Freemont OH	Ohlinger(서울/M)	1887-1929	16	개인A
112	Reynolds and Grove Family Papers	RG451	Presbyterian Historical Society	Philadelphia PA	Reynolds (평양, 전주/SP)	1887-1936	[100]	개인A
113	Riehl-Thompson Family Papers	234	University of Illinois at UC, Illinois History and Lincoln Collections	Urbana IL	Thompson, J. A. & Anna(송도, 원산/MS)	1907-	136	개인A
114	Rockefeller Foundation records, International Health Board/Division rec.	RG5, FA115	Rockefeller Archive Center	Sleepy Hallow NY	Avison(서울/NP)	1925	1	단체B
115	Roy K. Smith & Lura M. Smith Letters	A206	University of Oregon Libraries, Special Coll. and University Archives	Eugene OR	Smith(안동, 대구/NP)	1914-	[50]	개인A
116	Sadie Maude Moore Papers	MC 059	Emory University, Pitts Theology Library	Atlanta GA	Wilson(순천/SP)	1928	1	개인A

	컬렉션명	Call #	소장 기관/위치	위치	편지 작성자 (활동지역/교단)	날짜	수	수신인 유형
117	Sarah Daniel Papers	996.113/ 129F	Presbyterian Historical Society	Philadelphia PA	Daniel, Sarah (군산, 전주, 서울/SP)	1911–1946	[20]	개인A
118	Scarlett–Royster–Swinney Family Paper	K0632	State Historical Society of Missouri, Research Center	Kansas City MO	Swinney(원산/MS)	1939–	4	개인A
119	School of Nursing Records	RU205	Yale University, Sterling Memorial Library, Manuscripts and Archives	New Haven CT	Rosenberger(서울/M)	1930	2	단체B
120	Smith Family Papers	RG208	Presbyterian Historical Society	Philadelphia PA	Smith(안동, 대구/NP)	1911–1946	[20]	개인A
121	Strong Family Papers	Coll. STRO	Three Village Historical Society	Setauket NY	Erdman(평양/NP)	1927	1*	개인B
122	Underwood Papers	none	New Brunswick Theological Seminary, Gardner A. Sage Library	New Brunswick NJ	Underwood, H (서울/NP)	1887–	20	개인A
123	United Church of Canada Women's Missionary Soc. Fonds, Series 9	F505–9	United Church of Canada Archives	Toronto ON 캐나다	캐나다 선교사들	1925–	[500]	단체A
124	United Church of Canada, Board of Overseas Missions Fonds, Series 6	F502–6	United Church of Canada Archives	Toronto, ON 캐나다	캐나다 선교사들	1924–	[800]	단체A
125	United Presbyterian Church in the U.S.A. COEMR Secretaries Files: Korea Mission, 1903–72	RG140	Presbyterian Historical Society	Philadelphia PA	북장선교사	1903–	5735	단체A

	컬렉션명	Call #	소장 기관/위치	위치	편지 작성자 (활동지역/교단)	날짜	수	수신인 유형
126	Vera F. Ingerson Papers	Ax516	University of Oregon Libraries, Special Coll. and University Archives	Eugene OR	Ingerson(선천/NP)	1922–	[20]	개인A
127	Walter Morris Family Papers	2014–01	Witchita State University Library, Special Coll. & University Archives	Wichita KS	Morris(서울/M)	1938	2	개인A
128	Warren A. Candler Papers	MC02	Emory University, Rose Manuscript, Archives, and Rare Book Library	Atlanta GA	Boaz(서울/MS)	1926–1935	5	개인B
129	Wilkie Mss.	LMC 2191	Indiana University, Lilly Library	Bloomington IN	Hall, R(평양/M)	1942	1	개인A
130	William Elliot Griffis Collection	MC1015 –1017	Rutgers University Libraries, Special Collections and University Archives	New Brunswick NJ	Allen; Anderson; Appenzeller; Bernheisel; Billings; Bonwick; Frey; Gale; Hall; Harris; Hulbert; Owens; Kerr; Loomis; Moffet; Morris; Moore 등	188_–1942	185	개인–B
131	William J. MacKenzie Letters	F&I 058	Maritime Conference Archives, The United Church of Canada	Sackville NB 캐나다	MacKenzie(소래); McCully(원산/C)	1894	5	개인A
132	William M. Baird Papers	RG173	Presbyterian Historical Society	Philadelphia PA	Baird(부산, 평양/NP)	188_–1905	159	개인A
133	William Marshall Papers	MSS 78436	Library of Congress, Manuscript Division	Washington D.C.	Allen(서울/NP)	1904	18	개인B
134	William W. Rockhill Papers	MS Am2121	Harvard University, Houghton Library	Cambridge MA	Allen(서울/NP)	1891–	36	개인B

	컬렉션명	Call #	소장 기관/위치	위치	편지 작성자 (활동지역/교단)	날짜	수	수신인 유형
135	Withrow Family Papers	38-148	University of Virginia. Albert & Shirley Small Special Coll. Library	Charolottsville, VA	Swinehart, L. (광주/SP)	1919	1	개인A
136	Women's Medical Society of NY State Rec.	2609	Cornell University Library, Division of Rare & Manuscript Collections	Ithaca NY	Hall(평양, 해주/M)	1911-	10	단체B

*는 여러 후원자들에게 보내는 편지. 주로 "Dear Friends"로 시작하고, 등사본

[ ]는 개산(槪算) 약어: NP=북장로교; SP=남장로교; NM=북감리교; SM=남감리교; C=캐나다장로교; Y=YMCA; OMS=동양선교회, 성결교

참고문헌

게일 제임스, 김인수 옮김(2009), 『제임스 S. 게일목사의 선교편지: 1891-1900』, 쿰란.

권순희(2018), 「미국 클레어몬트대학 맥코믹 컬렉션 소장 '청구악장(靑邱樂章)'의 특성」, 『한국시가연구』 44, 한국시가학회, 5-28쪽.

그리어슨 도리스, 연규홍 옮김(2014), 『조선을 향한 머나먼 여정: 로버트 그리어슨의 선교일화와 일기』, 한신대학교 출판부.

기상청(2011), 『태풍백서』, 기상청.

김남규·김동언·김성우·권순각(2015), 「광학 문자 인식을 통한 단어 정리 방법」, 『멀티미디어학회 논문지』 18(8), 한국멀티미디어학회, 943-949쪽.

김마이클(2010), 「서양선교사 출판운동으로 본 조선후기와 일제초기의 상업출판과 언문의 위상」, 『열상고전연구』 31, 열상고전연구회, 5-35쪽.

김승태·박혜진 편(1994), 『내한 선교사 총람』, 한국기독교역사연구소.

김인수(1997), 『한국 기독교회의 역사』, 장로회신학대학교 출판부.

김재현(2014), 『한반도에 심겨진 복음의 씨앗』, 한국고등신학연구원.

노블, 매티 윌콕스, 강선미, 이양준 옮김(2010), 『노블일지: 미 여선교사가 목격한 한국근대사 42년간의 기록』, 이마고.

독립기념관(2013), 『캐나다 선교사가 본 한국, 한국인』, 독립기념관.

마포삼열, 김인수 옮김(2000), 『마포삼열 목사의 선교편지: 1890-1904』, 장로회신학대학교 출판부.

마포삼열, 옥성득 번역(2011), 『마포삼열 서한집』, 두란노아카데미.

맥레 헬렌 F., 연규홍 옮김(2010), 『팔룡산 호랑이: 던칸 M. 맥레 목사의 삶』, 한신대학교 출판부.

문백란(2017), 「1920년대 이후 용정 주재 캐나다 선교사들의 활동과 문재린 목사」, 『동방학지』 180, 연세대학교 국학연구원, 353-383쪽.

박보영(2015), 「일제강점기 독일선교사들의 한국기록」, 『복현사림』 33, 47-72쪽.

박용규(2004), 『한국기독교회사: 2(1910-1960)』, 생명의 말씀사.

방연상·송정연(2015), 「기독교가 군산지역에 미친 사회적 영향」, 『인문과학』 111, 연세대학교인문과학연구소, 63-85쪽.

빈튼 C.C., 김인수 옮김(2015), 『빈튼 의사의 선교편지: 1891-1899』, 쿰란.

손영옥(2016), 「미국 스미스소니언박물관 소장 버나도(Bernadou), 알렌(Allen), 주이(Jouy) 코리안 컬렉션에 대한 고찰」, 『민속학연구』 38, 31-61쪽.

송상훈·기전100주년 기념사업회(2000), 『사랑을 심는 사람들: 푸른 눈의 처녀 선교사의 편지』, 보이스사.

송현강(2006), 「대전, 충남지역의 근현대 기독교 기록물 현황과 기록관리 실태」, 『호남사학』 45, 호서사학회, 125-162쪽.

______(2011), 「미국 남장로교의 전북지역 의료선교(1896-1940)」, 『한국기독교와 역사』 35, 한국기독교역사연구소, 47-77쪽.

송현숙·이명희·정희선·김희순(2015), 「호남지방 종교지리 연구동향과 과제: 미 남장로회 선교기록물을 중심으로」, 『남도문화연구』 30, 순천대학교 남도문화연구소, 359-395쪽.

순천시 편(2010), 『백년 전 순천으로 마실가기: 매산동 이야기』, 순천시 문화체육과.

스크랜턴 기념사업회 엮음(2010), 『윌리엄 B. 스크랜턴 서신 자료집』, 한국기독교역사연구소.

안종묵(2004), 「한국 근대신문, 잡지의 발달 시기에 선교사들의 언론활동에 관한 연구」, 『한국언론학보』 48(2), 한국언론학회, 5-27쪽.

알렌 호러스, 김인수 옮김(2007), 『알렌의사의 선교, 외교편지』, 쿰란.

양국주(2018), 『살아있는 성자 포사이드』, 서빙더피플.

언더우드 호러스, 김인수 옮김(2002), 『언더우드 목사의 선교편지』, 장로회신학대학교 출판부.

____________, 이만열, 옥성득 편역(2005-2010), 『언더우드 자료집』, 연세대학교 출판부.

연세대학교 의과대학 의사학과 엮음(2019), 『세브란스 독립운동사』, 역사공간.
옥성득, 이만열 편역(2004), 『대한성성공회사 자료집: 로스 서신과 루미스 서신』, 대한성서공회.
윤선자(2010), 「서양인 선교사 기록에서 한국근대사를 읽어내다」, 『한국근현대사연구』 73, 한국근현대사학회, 183-189쪽.
윤춘병(1997), 『한국감리교 교회성장사』, 감리교출판사.
______(2003), 『한국기독교 신문, 잡지 백년사 1885-1945』, 감리교신학교 출판부.
이경래(2013), 「북미지역 공동체 아카이브의 '거버너스' 논의와 비판적 독해」, 『기록학연구』 38, 한국기록학회, 225-264쪽.
이덕주(1986), 「해제: 〈The Korea Mission Field〉」, 『한국기독교연구회소식』 7(7), 23-25쪽.
이만열(1985), 『아펜젤라: 한국에 온 첫 선교사』, 연세대학교 출판부.
______(2003), 『한국기독교의료사』, 아카넷.
이유진·윤은하(2017), 「기독교 역사기록의 통합관리를 위한 기술규칙 연구」, 『한국기록관리학회지』 30(4), 한국기록관리학회, 1-30쪽.
장윤금(2013), 「우리나라 초기 외국인 선교사 자료의 디지털 아카이브 구축 필요성 연구」, 『정보관리학회지』 30(4), 한국정보관리학회, 265-281쪽.
정신여학교사료연구위원회 편(2014), 『장로회 최초의 여학교 선교편지』, 홍성사.
차종순(2002), 「호남 기독교 영성의 원류를 찾아서(1)」, 『신학이해』 23, 177-217쪽.
체신부(1985), 『한국우정100년사』.
한국기독교역사연구소 편(1989), 『한국기독교의 역사』, 기독교문사.
____________________(2017), 『미국 북장로교 해외선교부 한국선교 보고서(1911-1954) 목록집』, 한국기독교역사연구소.
한국기록학회(2008), 『기록학 용어 사전』, 역사비평사.
한미경·장윤금(2017), 「개신교 교육 선교사들의 편지: 북미 기록관 소장 현황」, 『인문과학』 111, 연세대학교인문과학연구소, 33-61쪽.
한미경·이혜은(2019), 「"My Dear Dr. Alexander": 편지를 통해 본 오긍선의 미국 유학 시절」, 『신학논단』 97, 연세대학교, 251-282쪽.

한아랑·오효정·안승권·김용(2016), 「카톨릭 역사기록물 디지털 아카이브 구축에 관한 연구」, 『한국도서관·정보학회지』 47(4), 한국도서관·정보학회, 359-384쪽.

한철호(2010), 「배재학당 삼문출판사와 개화기 문화」, 『턴로력뎡: 배재학당 역사박물관 역구집 2』, 배재학당역사박물관.

허경진·한미경·이혜은(2018), 「북미지역에 소장된 내한 의료선교사 편지 기록의 현황과 디지털 인문학적 활용 가능성」, 『한국비블리아학회지』 29(1), 한국비블리아학회, 233-252쪽.

허윤정·조영수(2015), 「일제하 캐나다 장로회의 선교의료와 조선인 의사」, 『의사학』 24(3), 대한의사학회, 621-657쪽.

헤론 존, 김인수 옮김(2007), 『헤론의사의 선교편지』, 쿰란.

Albrecht, Classen(2014), "A Global Epistolary Network: Eighteenth-Century Jesuit Missionaries Write Home." Studia Neophilologica. 86(1), pp.79-94.

Bolt, Richard(1915), "Sandflies (Phlebotomus) in China and Their Relation to Disease." China Medical Journal, March, 29, pp.78-86.

Brown, George Thompson(1962), Mission to Korea. [Nashville]: Board of World Missions, Presbyterian Church U.S.

Ellsworth, Huntington(1915), Civilization and Climate. New Haven: Yale University Press.

Earle, Alexander(1905), "Kunsan Station Report." Reports, 14th Annual Meeting: Korea Mission of the Presbyterian Church in the United States (Southern). Seoul: Methodist Publishing House.

Fewster, Gregory(2016), "Archiving Paul: Manuscripts, Religion, and the Editorial Shaping of Ancient Letter Collections." Archivaria, 81: pp.101-128.

Fitzgerald, Tanya(2005), "Archives of Memory and Memories of Archive: CMS Women's Letters and Diaries 1823-35." History of Education, 34(6), pp.657-674.

Gleeson, Kristin, Frederick J. Heuser Jr. and William B. Bynum(1992), "From String-Wrapped Bundles to Cubic Feet: The Development of the Archives in the Presbyterian Historical Society." American Presbyterians, 70(1), pp.41-55.

Grayson, James(1989), Korea: A Religious History. Oxford: Oxford University Press.

Hindley, Meredith(2013), "Mapping the Republic of Letters." Humanities, November/December 34:6. [online] 〈https://www.neh.gov/humanities/2013/novemberdecember/feature/mapping-the-republic-letters〉(검색일: 2020.6.8)

Kendall, Laurel(2016), "So Close to the Canon, but...: Of Franz Boas, C.C. Vinton, and Some Korean Things." Journal of Korean Studies, 2.

MacRae, Helen Fraser(1993), A Tiger on Dragon Mountain. PEI: A. James Haslam, Q.C.

Mckay, Alex(2007), "Towards a History of Medical Missions." Medical History, 51(4), pp.547-551.

McNeely, Ian F. and Lisa Wolverton(2009), Reinventing Knowledge: From Alexandria to the Internet. New York: Norton.

Millar, Laura(2010), Archives: Principles and Practices. New York: Neal-Schuman Publishers.

Mills, Rachel J(2009), "Communicating Community: Russian and Canadian Mennonite Correspondence, 1850-1900." Libraries and the Cultural Records, 44(1), pp.124-137.

Pearce-Moses, Richard(2005), A Glossary of Archival and Records Terminology. Chicago: The Society of American Archivists.

Peterson, Stephen L(1991), "North American Library Resources for Mission Research." International Bulletin of Missionary Research. 15(4), pp.155-164.

Posner, Miriam(2013), "No Half Measures: Overcoming Common Challenges to Doing Digital Humanities in the Library." Journal of Library

Administration, 53(1), pp.43–52.

Ravenek, Walter(2012), CKCC Letter Metadata. [online] 〈http://ckcc.huygens.knaw.nl/wp-content/bestanden/2012/05/CKCC Letter_Metadata_20120720.pdf〉 (검색일: 2020.6.8)

Rydell, Claire and Caroline Winterer(2012), "Benjamin Franklin's Correspondence Network, 1757–1763." Mapping the Republic of Letters Project, Stanford University. [online] 〈http://republicofletters.stanford.edu/casestudies/franklin.html〉

Society of American Archivists: Copyright and Unpublished Material. [online] 〈https://www2.archivists.org/publications/brochures/copyright-and-unpublished-material〉 (검색일: 2020.6.5)

Shuster, Robert(1985), "Documentary Source in the United States for Foreign Mission Research: A Select Bibliography and Checklist." *International Bulletin of Missionary Research*. 9(1), pp.19–29.

Stradler, Peter, Marcel Illetschko and Sabine Seifert(2017), "Towards a Model for Encoding Correspondence in the TEI: Developing and Implementing 〈correspDesc〉" *Journal of the Text Encoding Initiative*. 9: September 2016–December 2017. [online]. 〈https://journals.openedition.org/jtei/1433〉 (검색일: 2020.6.8)

Theimer, Kate(2012), "Archives in Context and as Context." Journal of Digital Humanities. 1(2) [online] 〈http://journalofdigitalhumanities.org/1-2/archives-in-context-and-as-context-by-kate-theimer/〉 (검색일: 2020.6.1)

Underwood, Elizabeth. 2015. "Enlisting the Family in Missions to Korea." Studies in World Christianity, 21(1), pp.38–51.

Van Miert, Dirk. 2016. "What was the Republic of Letters? A Brief Introduction to a Long History (1417–2008)." Groniek 204.[online] 〈https://rjh.ub.rug.nl/groniek/article/view/27601〉 (검색일: 2020.6.8)

감사의 글

이 책이 나오기까지 도와주신 분들이 참 많습니다. 이 분들은 모두 저의 부족함을 채워주신 고마운 분들입니다. 우선 숙명여대 문헌정보학과 교수이자, 이 책의 뼈대가 되는 저의 학위 논문을 지도해 주신 장윤금교수님께 감사드립니다. 교수님의 예지적인 소논문인 "우리나라 초기 외국인 선교사 자료의 디지털 아카이브 구축 필요성 연구"는 저의 연구를 시작하게 했고, 선교사 자료의 가치에 관하여 큰 그림을 보게 하였습니다. 다음으로 선교사 편지 연구를 디지털 인문학과 접목하도록 안내해 주신 친절한 이혜은교수님, 날카롭고 세밀하게 제 논지의 작은 부분까지 지적해 주신 이춘실교수님, 늘 따뜻한 격려로 차분하게 이 주제를 마무리할 수 있도록 조언해 주신 오경묵교수님과 한희숙교수님께 감사드립니다. 그리고 저의 연구를 책으로 출판할 수 있도록 도움을 주신 허경진교수님께도 깊은 감사를 드립니다. 마지막으로 늦은 나이에 다시 공부하겠다는 딸을 위해 기도와 격려를 아끼지 않으신 어머니와 새로운 도전의 기간 동안 사랑과 오래 참음으로 같이 해준 내 인생의 멋진 벗이자 스승인 남편에게 감사를 드립니다.

하지만 가장 중요한 감사는 지금부터 135년 전부터 우리나라에 와서 복음을 전하고 병원과 학교를 세우면서 수고하던 현장의 이야기를 편지로 남겨 주신 수많은 내한 선교사님들께 드립니다. 그리고 그분들을 한국 땅으로 인도하신 그분들의 하나님 그리고 나의 하나님께 감사드리며, 이 분야 연구에 더욱 정진할 것을 다짐해 봅니다.

2020년 6월 18일

한미경

▌저자 약력

한미경

미국 University California Los Angeles에서 학사(East Asian Studies)와 석사(Library and Information Studies) 학위를, 숙명여자대학교에서 박사(문헌정보학)학위를 받았다. LA카운티공공도서관, UCLA도서관 등에서 사서를, 숙명여대에서 문헌정보학과 강사를 역임했다.

이메일 : esthermhan@gmail.com

디지털인문학연구총서 7

내한 선교사 편지(1884-1942)와 디지털 아카이브

2020년 7월 30일 초판 1쇄 펴냄

저　자 한미경
발행인 김흥국
발행처 보고사

책임편집 이순민
표지디자인 손정자

등록 1990년 12월 13일 제6-0429호
주소 경기도 파주시 회동길 337-15 보고사 2층
전화 031-955-9797(대표)
02-922-5120~1(편집), 02-922-2246(영업)
팩스 02-922-6990
메일 kanapub3@naver.com / bogosabooks@naver.com
http://www.bogosabooks.co.kr

ISBN 979-11-6587-069-0
979-11-5516-513-3 94300(세트)

ⓒ 한미경, 2020

정가 14,000원

사전 동의 없는 무단 전재 및 복제를 금합니다.
잘못 만들어진 책은 바꾸어 드립니다.